Interaktion und Geschlecht

Erving Goffman (1922–1983) gehört zu den meistgelesenen Soziologen. Neben seiner Theorie *Wir alle spielen Theater* zählt vor allem die Entdeckung der Interaktion als ein von Ritualen und eigenen Regeln geleiteter, eigenständiger Bereich zu den Leistungen dieses Klassikers. In diesem Band werden zwei wichtige Texte erstmals in deutscher Übersetzung zugänglich gemacht: »Die Interaktionsordnung« ist der letzte, von ihm selbst veröffentlichte Text, in dem er seine Theorie der Interaktion prägnant zusammenfaßt. Er kann gewissermaßen als sein Vermächtnis angesehen werden. Im zweiten Text »Das Arrangement der Geschlechter« leuchtet Goffman seine Entdeckung der Eigengesetzlichkeit zwischenmenschlicher Interaktion in ihrer Bedeutung für das Verhältnis der Geschlechter aus. Dieser Aufsatz stellt nach dem populären Buch über »Geschlecht und Werbung« die Zusammenfassung und Ausformulierung seiner Theorie des Geschlechterverhältnisses dar.

In der Einleitung bietet der Herausgeber eine konzise Zusammenfassung der Theorie Goffmans und seine Verortung der beiden Texte in Goffmans Werk. Im Nachwort von Helga Kotthoff wird Goffmans Beitrag zu einer Geschlechtersoziologie herausgearbeitet.

Erving Goffman

Interaktion und Geschlecht

Herausgegeben und eingeleitet
von Hubert A. Knoblauch

Mit einem Nachwort
von Helga Kotthoff

Campus Verlag
Frankfurt/New York

ISBN 978-3-593-36858-0

2. Auflage 2001

Umschlaggestaltung: Guido Klütsch, Köln
Druck und Bindung: CPI buchbücher.de, Birkach
Gedruckt auf Papier aus zertifizierten Rohstoffen (FSC/PEFC).

Printed in Germany

Inhalt

1. Erving Goffmans Reich der Interaktion[1]

Hubert A. Knoblauch

I. Einleitung

Obwohl Erving Goffman zweifellos einer der populärsten soziologischen Autoren auch im deutschsprachigen Raum ist, liegt eine Reihe wichtiger Schriften nicht in deutscher Sprache vor. Erwähnt werden muß vor allem *Forms of Talk* (1981), das letzte Buch, das Goffman vor seinem Tode veröffentlichte.[2] Dazu zählen aber auch die beiden Aufsätze, die hier erstmals in einer deutschen Übersetzung vorliegen. Diese beiden Texte zeigen, daß eine Reihe von Annahmen, auf die sich die deutschsprachige Goffman-Rezeption anhand der früheren Arbeiten versteifte, revidiert werden muß. Indem Goffman hier einmal mehr die »Interaktionsordnung« als eine Wirklichkeit eigener Art herausstellt (die er anhand der »Arrangements zwischen den Geschlechtern« veranschaulicht), legt er den Finger in offene Wunden der Soziologie: Auch wenn er das Reich der Interaktion als Untersuchungsgegenstand in eigenem Recht heraushebt, plädiert er doch für die Suche nach den Verbindungen dieses weitgehend eigenständigen Bereichs zur Gesamtgesellschaft (und so auch zur »Makrosoziologie«). Er bedient sich einer Vielfalt von Methoden und unterläuft damit die gängige

1 Für wichtige Hinweise und Kommentare danke ich Ronald Hitzler und John J. Gumperz; Tine Kugler und Michael Fischer sei für den einseitigen »korrektiven Austausch« gedankt.

2 Allein ein Aufsatz aus diesem Band wurde ins Deutsche übersetzt (vgl. Goffman 1978).

Trennung qualitativer von quantitativen Vorgehensweisen, und er glänzt durch einen Eklektizismus, der sowohl dem »theoretischen Historismus« der »Grand Theories« von Parsons bis Habermas (die ihre Geltung aus der Stimmigkeit von Klassikerinterpretationen ableiten) wie auch den quasi-polizeilichen Vorschriften »methodisch kontrollierter Hermeneutiken« Hohn spricht. Die *Interaktionsordnung* kann zwar keineswegs als eine Zusammenfassung von Goffmans Werk angesehen werden, doch sie stellt, wie aus ihrem biographischen Kontext deutlich wird, eine Art Vermächtnis dar.[3]

Der 1922 geborene Erving Goffman stand in der Tradition der Chicagoer Schule, die sich vor allem durch engagierte Feldforschung ausgezeichnet hatte. Obwohl diese »fieldwork-sociology« in der Auseinandersetzung mit der »harten Soziologie« Parsons', Mertons und Homans' in den 50er Jahren mehr und mehr an den Rand gedrängt wurde, führte Goffman selbst diese Tradition fort. (So basiert seine Dissertation, die er 1953 in Chicago abschloß, auf einem Feldforschungsprojekt, das er während seines Studiums in Edinburgh auf den Shetland Inseln durchgeführt hatte.) 1958 erhielt er zwar eine Professur, doch verdankte er diese allein dem in Berkeley unternommenen Experiment, die Vielfalt soziologischer Ansätze zu bewahren und auch wenig etablierten soziologischen Ansätzen einen Platz einzuräumen.[4] In Berkeley erst entstand auch der »Mythos Goffman« – allerdings nicht unter den Kollegen, sondern innerhalb der erstarkenden Studentenbewegung, die vor allem nach »subjektorientierten« Alternativen zum vorherrschenden Strukturfunktionalismus Ausschau hielt. (Um den politischen Wirrnissen Berkeleys zu entkommen, nahm Goffman 1969 eine Professur an die Universität von Pennsylvania in Philadelphia an.) Es ist dem allmählichen Wechsel vom »normativen« zum »interpretativen« Paradigma (Wilson 1978), sicher aber

3 Diese Auffassung wird durch Goffmans (1989) Beitrag zur Feldforschung noch bestärkt.

4 Goffman, der 1959 seine akademische Karriere schon beenden wollte, wurde 1960 – gegen den heftigen Widerstand einiger Fakultätsmitglieder – von Herbert Blumer als Nachfolger des Sozialpsychologen T. Shibutani berufen.

auch der Popularität seiner Schriften zu verdanken, daß Goffman, die längste Zeit seines Lebens Randgänger der Soziologie, zunehmend Anerkennung fand. Diese Anerkennung gipfelte 1980 in seiner Wahl zum Präsidenten der Amerikanischen Soziologischen Gesellschaft. Schon schwer erkrankt, verfaßte er die Präsidenten-Ansprache, in der er sein Untersuchungfeld absteckt und erstmals das Verhältnis zur Mainstream-Soziologie aufzeigt. Die Ansprache – eben die »Interaction Order« – zeugt nicht nur von seiner Auseinandersetzung mit »sozialstrukturellen«, »makrosoziologischen« Fragen; Goffman macht auch – in aller Bescheidenheit – deutlich, wie er seine Arbeit verstanden wissen will: als Erforschung der sozialen Ordnung von Interaktionen. Goffman war schon zu krank, um den Vortrag selbst zu halten. Doch bereitete er ihn als letzte von ihm selbst eingereichte Veröffentlichung vor.

Die Ordnung der Interaktion ist zweifellos ein Thema, das sich durch die Arbeiten Goffmans zieht. Wenn es erlaubt ist, die »Interaktionsordnung« als sein Vermächtnis anzusehen, verwundert es nicht nur, daß er eine Reihe anderer Themen, die er im Laufe seines Lebens bearbeitete und die seine Interpreten in den Vordergrund stellen, nicht einmal mehr erwähnt. Die »Theatermetapher« taucht ebensowenig auf wie die »Spielanalogie«; er legt den amerikanischen Soziologen weder die Rahmenanalyse noch die »forms of talk« nahe, die ihn noch kurz zuvor beschäftigt hatten. Er rückt überdies ein Thema in den Mittelpunkt, das seine Interpreten, geblendet von der Theater-, Spiel- und Rahmenmetapher, bestenfalls am Rande behandelten. Allerdings steht die *Interaktionsordnung* nicht im Widerspruch zu diesen früheren Arbeiten. Nach einem Überblick über einige gängige Interpretationen seines Werkes (II) wollen wir uns deswegen den Schwerpunkten und Themen des Goffmanschen Werkes zuwenden (III), um sie schließlich vor dem Hintergrund von Goffmans Beschreibung der Formen und Prozesse der Interaktionsordnung einzuordnen (IV). Obwohl früher verfaßt, erscheint *Das Arrangement der Geschlechter* nicht nur als eine gelungene Untersuchung darüber, wie Frauen und Männer durch die Interaktion plaziert werden; sie bietet überdies eine Darstellung über einen zentralen Ausschnitt der Interaktionsordnung, und schließlich erweist sie sich auch als bedeutungsvoll für weitere Untersuchungen (V).

II. Zwischen Strategie und Ritual

Hatte Goffman lange Zeit als Exot gegolten, so wurde er gegen Ende der 70er Jahre mehr und mehr rezipiert. Eine Reihe von vor allem seit seinem Tod in England, den USA, Frankreich und schließlich auch Deutschland erschienenen Sammelbänden sind seinen Arbeiten gewidmet, die jedoch fast alle – mit Ausnahme von Riggins (1990) – Goffmans Theorie diskutieren, statt eigene empirische Untersuchungen anzustellen.

Die an Goffman anschließende theoretische Debatte lieferte eine Reihe zum Teil haltloser Interpretationen seines Werkes. Haltlos ist, wie Lenz (1991a) aufzeigt, die Auffassung, Goffman ziele auf eine strukturalistische »Interaktionsgrammatik«, denn die rituelle Ordnung werde in der Interaktion erzeugt. Ebensowenig begründet ist die These, Goffman sei im Grunde ein Dekonstruktivist, die Clough (1992, 102f.) an der Verschiebung der Goffmanschen Arbeit »from an ethnography of experience to a semiotics of speech, from a physical body, context, and situation to the imaged (or imagined) body, context,and situation« festmacht. Dieser Auffassung zufolge dekonstruiere Goffman ›die Gesellschaft‹; wenn das aber, wie Jameson (1976) ausführt, bedeutet, daß die Gesellschaft »no longer seems to offer any ›law‹ or mœurs or prescribed behavior patterns«, so wird völlig übersehen, daß genau jene angeblich nicht mehr existenten Rituale und Etiketten Goffmans Untersuchungsgegenstand ausmachen.[5] Auch die oft vorgenommene Zuordnung

5 Bei seinem wichtigsten Lehrer, W. Lloyd Warner, war Goffman Assistent in einem Forschungsprojekt über die Rituale der sozialen Klassen in den USA.

Goffmans zum symbolischen Interaktionismus Blumers leidet nicht nur daran, daß Blumer eine Scheidelinie zu Goffman zog (Lenz 1991a, 85f.); Goffman selbst bezeichnete den symbolischen Interaktionismus als viel zu vage (Winkin 1988, 235f.). Die in der Popularität von *Wir alle spielen Theater* begründete Auffassung, Goffman vertrete eine »dramaturgische« Theorie des Soziallebens, das aus einer andauernden Inszenierung des Selbst bestehe, ist ebenso einseitig. Schon Sennett (1986) hat diesen Ansatz kritisiert, indem er nachweist, daß zwar die Theatermetapher auf die bürgerliche Öffentlichkeit voriger Jahrhunderte anwendbar sei, der heutigen Gesellschaft aber nicht mehr gerecht werde. Und Goffman selbst legt diese dramaturgische Metapher nach *Wir alle spielen Theater* bald ab; in den *Forms of Talk* widerruft er den Vergleich des Soziallebens mit einer Bühne (und hält nur an der grundlegenden »theatricality« des sozialen Handelns fest).

Sehr viel begründeter ist die Annahme Hettlages (1991a), Goffman sei vorwiegend ein Rahmentheoretiker. Der »Rahmen« spielt zweifellos in den späten Schriften Goffmans eine Rolle und ist auch, wie Soeffner (1989) zeigt, für die sozialwissenschaftliche Hermeneutik von Bedeutung. Hettlages Versuch aber, das gesamte Goffmansche Oeuvre durch die Brille der Rahmenanalyse zu sehen, verzerrt die Goffmansche Perspektive. Denn weder gibt es etwa in *Behavior in Public Places* Hinweise auf die »Rahmen« (und die »little systems« der Interaktionsordnung als »Rahmen« zu übersetzen, kommt einem Kategorienfehler gleich), noch stellen späte Arbeiten, wie etwa *Geschlecht und Werbung* bloß eine »Anwendung« der Rahmenanalyse dar. Selbst in den *Forms of Talk*, die zu Recht als »Anwendung« der Rahmenanalyse betrachtet werden können, ordnet Goffman (1981, 162) die Rahmen als »Formen« dem allgemeineren Thema der »forms and occasions of face-to-face interaction« unter. Wie Eberle (1991) zeigt, stößt auch eine phänomenologische Interpretation Goffmans auf enge Grenzen.

Die Schwierigkeiten, Goffman zu interpretieren, liegen nicht nur in dessen hemmungslosem Eklektizismus begründet. Sie sind Folge einer bei Goffman selbst angelegten Spannung zwischen Beobachtungen aus der subjektiven Perspektive der Akteure und zuweilen geradezu positivistisch-ethologischen Beschreibungen von Interaktionsstrukturen und -prozessen. Diese Spannung läßt sich anhand der Kontrastierung zweier Linien der Goffman-Interpretation verdeutlichen: der eines existentialistischen und dramatologischen Ansatzes auf der einen und der eines ethnomethodologischen und systemtheoretischen Ansatzes auf der anderen Seite.

Der dramatologische und existentialistische Ansatz betont die von Goffman immer wieder eingenommene subjektive Perspektive des Individuums, das Gesellschaft als dauerndes »Ärgernis« strategisch bewältigen muß. »Der Goffmensch taucht gleichsam aus dem biographischen Nichts in gesellschaftlich immer schon (...) vor-konstruierten Ordnungszusammenhängen auf, steht in aller Regel ziemlich unvermittelt in einer der mannigfaltigen sozialen Szenen, die ihm sozusagen ›zum Tribunal‹ werden (...) und muß nun eben schauen, wie er aus dieser für ihn ›absurden‹ Situation ›das Beste‹ machen, wie er ›die Sache‹ in den Griff kriegen, wie er sich optimal ›selbstverwirklichen‹ und wie er die anderen von sich und seinen Ambitionen überzeugen kann.« (Hitzler 1992, 22)

Diese »lebensweltliche« Perspektive findet sich zweifellos in den hauptsächlich von der Spielanalogie beherrschten Arbeiten, in denen Goffman sich mit den Strategien von Handelnden, ihren Täuschungsmanövern und Kalkülen, »impression management« und »face work« auseinandersetzt. So plausibel diese Perspektive manche Aspekte der Goffmanschen Arbeiten wiedergibt, räumt doch Hitzler selbst ein, daß Goffman (1977, 22) keineswegs eine subjektzentrierte Perspektive vertritt, sondern »die Gesellschaft in jeder Hinsicht für das Primäre« hält. »I put in all that self stuff«, bemerkt er einmal (Lofland 1984, 21) etwas ironisch, »because people like to read about it.«

So bemerkt Goffman in der Einleitung zu den *Interaktionsritualen* (1971, 8), »daß der eigentliche Gegenstand der Interaktion nicht das Individuum und seine Psychologie« sei, sondern eher die syntaktischen Beziehungen zwischen den Handlungen verschiedener gleichzeitig anwesender Personen. Diese »interactionist view« (Goffman 1981, 78) wird von der Ethnomethodologie aufgenommen, die, besonders in Scheglofs (1988) Kritik an Goffman,[6] erstaunlicherweise einer systemtheoretisch-autopoietischen Vorstellung folgt, daß die Organisation sozialen Handelns aus den Interaktionen selbst generiert sei und betont: Nur eine von individuellen Handlungsabsichten absehende Untersuchung von Interaktionen – eigentlich von »talk-in-interaction« – würde diesem Anspruch gerecht werden. Diesen Aspekt verstärkt Srubar (1994) noch, indem er Goffmans Analysen als Beschreibungen eines vom Individuum unabhängigen, sich selbst generierenden Interaktionssystems auffaßt. Das Individuum ist demnach an die Interaktionen bloß »angekoppelt«; allein der Umstand, daß Individuen interagieren, erzeugt bestimmte Zwänge, die nicht von den Individuen beabsichtigt werden. Sie stehen vor einem Interaktionszwang, der noch beim höflichen Ignorieren Unbekannter in der Öffentlichkeit durch unauffälliges »monitoring« geübt wird; dem Interaktionszwang folgt ein Zwang zur Kundgabe der jeweiligen Absichten, der wiederum einen Zwang zur Interpretation eben jener Kundgaben herbeiführt; das Nachkommen dieser Zwänge wird überdies durch Interaktionsregulative gesteuert, also den Formen des rituellen Austauschs, Handlungspaartypen (Fragen und Antworten, Bitten und Erfüllen usw.), die »eine sinnhervorbringende Verkettung von Anschlüssen« ausbilden.

Daß auch diese »interaktionistische« Fassung Goffman nicht ganz gerecht wird, zeigen die Hinweise Scheglofs deutlich. Schegloff (1988, 94) wirft Goffman nämlich vor, die Trennung solcher Interaktionsmuster von den Absichten der Akteure nicht konsequent verfolgt zu haben; und er moniert, Goffman sei zu oft und vielleicht insgesamt der Versuchung erlegen, anstelle der »Verkehrsregeln« der Interaktion die »drivers and their psychology« zu betrachten. Schuld daran sei vor allem Goffmans Betonung des Rituals.

6 Schegloff ist wie Sacks ein ehemaliger Student Goffmans und mit Sacks und Jefferson Begründer der von Goffman heftig kritisierten, aber auch respektierten Konversationsanalyse.

Allerdings unterläuft Schegloff eine mißliche Fehlinterpretation, wenn er den Vorwurf des Psychologismus gerade am Ritual festmacht. Denn Goffman schließt mit diesem Begriff an Durkheims Ritualtheorie an (Collins 1988), die Rituale nicht als eine Folge psychologischer Kräfte, sondern als eine symbolische Darstellung des gesellschaftlichen Kollektivs ansieht. Rituale drücken explizit die soziale Seite des »homo duplex« aus und nicht seine psychologische. Die Ursache für diese Fehlinterpretation dürfte in einer für Goffman spezifischen Vorstellung des Funktionswandels der Rituale liegen (die er auch in der »Interaktionsordnung« anspricht): Während bei Durkheim Rituale noch der symbolischen Repräsentation von Kollektiven dienen, ist Goffman der Auffassung, daß die traditionellen Großrituale im Niedergang begriffen sind. Geblieben sind die kleinen interaktiven Rituale der Höflichkeit und des Respekts, »eine armselige Variante dessen, wonach Anthropologen in ihrem Reich suchen« (1974, 98). Mit Ritualen wird nun nicht mehr das gesellschaftliche Kollektiv verehrt, sondern der Individualismus. Die heiligen Objekte, die in Ritualen verehrt werden, sieht Goffman schon in seiner Dissertation als die Individuen selbst. »Viele Götter sind abgeschafft worden, aber der Mensch bleibt hartnäckig als eine wichtige Gottheit bestehen. Er schreitet mit Würde einher und ist Empfänger vieler kleiner Opfer.« (1971, 105) Goffman verfolgt also keine psychologistische Argumentation; er geht vielmehr von einem ausgeprägten modernen Individualismus aus, der in den Ritualen zum Ausdruck kommt. Rituale helfen »das Gesicht zu wahren« und erleichtern Interaktion, sie bilden das eigentlichen Bindeglied zwischen dem strategischen Akteur und den Strukturen der Interaktion.

Goffmans Werk ist von einer »brilliant ambiguity« gekennzeichnet, die allerdings durch den Kontrast eines »individualistischen« zu einem »kollektivistischen Ansatz« (vgl. Hettlage 1991b, 421) zu ungenau beschrieben ist: Zwar tritt das Individuum als strategisch sich inszenierender Spieler auf, doch zielt die zweite Perspektive keineswegs auf ein »Kollektiv«, sondern auf die sich vom individuellen Handeln abgelösten Formen und Prozesse der Interaktionsordnung, die zugleich Ort, Quelle und Ergebnis dieser Ritualisierung sind. Beide Perspektiven ziehen sich durch Goffmans Werk, so daß sie als grundlegende Merkmale des Soziallebens angesehen werden können: Es zehrt von der Spannung strategischer individueller Interessen und vorgegebener Muster, soziales Handeln bewegt sich zwischen Strategie und Ritual.

Wenn auch die Interaktionsordnung den zentralen Gegenstand der Goffmanschen Untersuchungen bildet, kann aus zwei Gründen nicht von einer Theorie gesprochen werden – und Goffman selbst wäre vermutlich die Anerkennung als »Theoretiker der zweiten Generation« unangenehm gewesen, zumal er zweifelte (Lofland 1984, 13), ob es die Soziologen bislang überhaupt zu etwas gebracht hätten, was den Namen Theorie verdiene.

Zum einen wirft Goffman (1981b) Denzin und Keller (1981) in einer Antwort auf ihre Kritik vor, sie würden sein Werk ungerechtfertigerweise als ein substantielles Ganzes behandeln. Und auch in der »Interaktionsordnung« schlägt er keine Theorie vor, sondern fordert lediglich eine Anerkennung dieses Gegenstandsbereichs. Auch wenn hinter dieser Forderung eine Theorie vermutet werden kann, spricht ein durchgängiges Merkmal seiner Schriften gegen die Behauptung, er verfolge ein theoretisches Unterfangen. Die Anschaulichkeit seiner Analysen nämlich zehrt von einer Methode, die Lenz (1991a, 54) als »konzeptionellen Konstruktivismus« bezeichnet, die aber treffender als heuristische »extended metaphorical description« (Manning 1992, 15ff.) oder als »strategy of metaphor« (Lofland 1980, 25f.) bezeichnet werden könnte. Zur Analyse von Situationen sozialer Interaktionen verwendet Goffman – ganz im Stile der Chicagoer Methode der »natural metaphor« (Drew und Wootton 1988, 8) eine Reihe von Metaphern und Analogien (Theater, Gesicht, Spiel usw.), die ihm gewissermaßen als begriffliches Modell dienen. So werden natürliche Schauplätze wie das Restaurant zum Theater, der Gastraum zur Bühne, die Küche zur Hinterbühne usw. Dabei verändert Goffman beständig seine Definitionen und Begrifflichkeiten. Durch sein Werk zieht sich der Versuch, unterschiedlichste Szenerien der Interaktion: eine kleine Gemeinde, Tankstellen, eine psychiatrische Anstalt, Kasinos, Werbefotografien und Sprechen, mit den verschiedensten Metaphern und Analogien zu analysieren. Diese Metaphern und Analogien sollten deswegen weniger als Theorie betrachtet werden, sondern als heuristische Zugänge zu einem gleichbleibenden Thema: der Interaktionsordnung.

III. Von der Rolle zum Rahmen: Die Spur der Metaphern

Goffmans Arbeiten zeichnen sich durch eine erstaunliche Vielfalt an Materialien und Methoden aus. Seine naturalistische Vorgehensweise bei der Feldforschung, wie er sie in einem Dorf auf den Shetland-Inseln, in einer psychiatrischen Anstalt, in Kasinos und Tankstellen anwendet,[7] ergänzt er – ganz entgegen der gängigen Trennung qualitativer von quantitativen Methoden – mit Interviews und schriftlichen Befragungen. So behandelt Goffman in seiner ersten (nicht veröffentlichten) Ethnographie (1953) über *The Service Station Dealer: The Man and his Work* (die vom American Petrol Institute finanziert worden war) die konfligierenden Rollen und Erwartungen von Tankwarten, Männern, die Tankstellen entweder besitzen oder pachten, indem er seine Daten trianguliert: Zur Untersuchung der 204 Tankstellen verwendet er Statistiken, Interviews und ethnographische Beobachtungen. In späteren Arbeiten untersucht er aber auch Benimmbücher ebenso wie Werbefotografien und Zeitungsartikel, und er bezieht, ohne mit der Wimper zu zucken, intuitives Wissen und ethologische Beschreibungen mit ein. Ein besonderes Merk-

7 Lofland (1971; 1976) arbeitete daraus eine hierzulande wenig beachtete Methode der Teilnehmenden Beobachtung aus.

mal seiner Ethnographie dürfte die Beachtung formaler Handlungsstrukturen sein, die er an einer Empfehlung zur Untersuchung des Händchenhaltens illustriert: Einmal können die verschiedenen Kontexte dieses »Beziehungszeichens« (»transsituational«) verglichen werden (wo und wann halten Personen einander die Hände); oder es können funktional äquivalente Beziehungszeichen (Berühren, Händeschütteln, Wangenkuß) im selben Kontext gesucht werden. Vor diesem Hintergrund ist auch Goffmans Hochachtung vor der Ethologie zu verstehen (in den *Relations in Public* spricht er auch von einer »interaction ethology«), die »gezwungenermaßen Erforschung von unmittelbaren Interaktionen« sei und es darin zu einer vorbildlichen Kunst gebracht habe. Ihr sei es gelungen, »den Fluß anscheinend zufälliger Verhaltensweisen zu unterbrechen und natürliche Muster zu isolieren. (...) Deshalb sind Ethologen eine Inspiration.« (1972a; 14 u. 54)[8]

Dabei zehrt seine Vorgehensweise von einem ausgeprägten Induktionismus: Goffman will keine Theorie vom Lehnstuhl aus betreiben; er macht sich zunächst mit dem sozialen Feld seiner Untersuchung vertraut.[9] Wenn Goffmans Arbeiten sich dennoch durch eine beinahe verwirrende Lust am Klassifizieren auszeichnen, so liegt der Grund darin, daß er keineswegs eine deskriptive Ethnographie der modernen Gesellschaft betreiben will. Er bewegt sich vielmehr, wie sogar Bourdieu (1983, 112) anerkennend bemerkt, zwischen »object-less theoreticians and concept-less observers«. Weil er seine Begriffe aus unterschiedlichen Begriffsfeldern bezieht, hat er sich zwar den Vorwurf Geertz' (1983) eingehandelt, »Genres« der Analyse zu vermischen; wie der folgende kursorische Durchgang durch die wichtigsten Metaphern- und Themenbereiche zeigt, behalten die dabei verwendeten Metaphern aber einen durchgängig gegenständlichen Bezug.

8 Dies wird auch offenkundig, vergleicht man etwa Goffmans Ausführungen zum Ritual und die Studie von Eibl-Eibesfeldt u.a. (1989), bes. 143ff.

9 So bekennt er in seiner Dissertation: »I should like to make it clear that the terms and concepts employed in this study came after and not before the facts« (Goffman 1953, 9).

a) Die Theater-Metapher

Die zentrale Vorarbeit für das berühmte *Wir alle spielen Theater* stellt seine Dissertation (Goffman 1953) dar, die Ergebnisse einer zwölfmonatigen Studie des Alltagslebens von Bewohnern einer Shetland-Insel zusammenfaßt. Die soziale Ordnung wird hier von an legitimen Erwartungen orientiertem zielorientiertem Handeln getragen und von einem breiteren Regelwerk geleitet. Das instrumentelle Verhalten der Inselbewohner zeigt, wie sie Informationen über ihr Selbst »managen«. Auch hinsichtlich ihres expressiven, vom »Charakter« bestimmten Verhaltens müssen Handelnde deswegen große rituelle Sorgfalt üben, sich durch Situationen schleusen, andere vermeiden, dritten entgegenarbeiten, um verletzende Urteile zu umgehen. Es ist die rituelle Etikette, die den Insulanern dieses erlaubt; sie eröffnet den Zugang zueinander, schützt aber auch vor Aufdringlichkeiten. Während unproblematische Konversationen »euphorisch« verlaufen, weil die angemessenen rituellen Regeln eingehalten werden, zeichnen sich dysphorische durch Störungen aus: Wer etwa nicht angemessene Verlegenheit anzeigt, wird zur »faulty person«, ein Urteil, das durch Sanktionen bekräftigt oder durch Reparaturen revidiert werden kann.

Wird die Dissertation noch von einer Spannung zwischen detaillierter Beschreibung und theoretischer Begrifflichkeit beherrscht, so ändert sich dies in *Wir alle spielen Theater*. Hier breitet Goffman die alte Metapher des »Theatrum mundi« aus. Mit der feingliedrigen Begrifflichkeit der Theatersprache beschreibt er soziale Situationen wie Aufführungen, in denen die Handelnden auf Vorderbühnen Fassaden aufbauen, die auf Hinterbühnen im »team« so vorbereitet werden, daß die theatralischen Handlungsmuster eine erfolgreiche Inszenierung des Selbst erlauben.

Diese Metapher taucht indessen schon in *On cooling the mark out* (1952) auf. Wie Schauspieler trügen wir im Alltag allesamt »Marken« und verfolgten unsere Aktivitäten in der Befürchtung, angeschwindelt zu werden, eine Befürchtung, die nachträglich abgekühlt werden müsse. Mit den anderen »vordramatologischen« Arbeiten (in: Goffman 1971a) tritt die Theater-Metapher immer deutlicher heraus: Die Person ist eine Maske, und was immer sich hinter ihr verbergen mag, gehört nicht zum gesellschaftlichen Leben. Die Maske ist das, womit ein Eindruck auf das jeweilige Publikum erzeugt werden soll. Diesen Eindruck eines dargestellten Selbst nennt Goffman auch das »Gesicht« (»face«) der Person, und wir arbeiten hart daran, es aufrechtzuerhalten und seine positive Seite herauszustreichen. Da alle an der Wahrung ihres Gesichts arbeiten, funktioniert auch die Kooperation in sozialen Situationen.

Die Theater-Metapher stellt den Begriff der persönlichen Identität infrage, denn die Arbeit an unserem Image, »Facework«, bedeutet ja, daß wir unsere Handlungen mit unserem projektierten Selbst in eine nur künstliche, eine erzwungene Deckung bringen. Weil der Gesichtsverlust nicht nur eine Identität, sondern das gesamte Ereignis, eine Zusammenkunft, eine Party, ein Essen, zerstören könnte, pflegen die Beteiligten taktvolles Verhalten, beobachten sorgfältig das eigene Verhalten und das der anderen und sichern sich vor Gesichtsverlust mit Ausweichstrategien und durch korrektive Handlungen.

Die weidlich bekannte Beschreibung der hohen Kunst des Eindruckschindens (»impression management«) muß hier nicht ausgeführt werden. Allerdings sollte auf eine oft übersehene Tatsache hingewiesen werden: Die erste Auflage von *Wir alle spielen Theater* (1956) schließt mit einer zynischen Auffassung des moralischen Akteurs als bloß strategisch inszenierendem Charakter: »The very obligation and profitability of appearing always in a steady moral light, of being a socialized character, forces one to be the sort of person who is practized in the ways of stage« (1956, 162). Als sich Goffman die Möglichkeit bot, diese erste Auflage für ein größeres Publikum zu veröffentlichen, überarbeitete er den Text und fügte vor allem einige Teile hinzu. Anstelle des zynischen Schlusses der 1956 in Edinburgh erschienen Ausgabe, die den Zwang zum Selbstdarstellen zelebriert, fügt Goffman für die Penguin-Ausgabe (1959) einen neuen Abschnitt »Staging and the Self« ein, in dem die dramatologische Metapher und seine zynische Auffassung vom schauspielernden Selbst so deutlich abgeschwächt wird, daß er selbst schon ankündigt, »the language and mask of the stage will be dropped« (1959, 246) – eine Absage an die dramaturgische (und dramatologische) Metapher, die er tatsächlich einhält.

In den 50er Jahren bietet sein Werk also zwei verschiedene Versionen des Selbst: Die eine, die auf der Theater-Metapher (und später auf der Spiel-Analogie) aufbaut, betont den Zynismus der Handelnden, die andere orientiert sich an Durkheims Überlegungen zur Solidarität und betont Vertrauen und Normalität.

b) Normalität

Goffman verdankt seine Popularität nicht nur der Theater-Metapher, sondern auch seiner intensiven Beschäftigung mit Rändern und Randständigen der Gesellschaft, wie etwa stigmatisierten Personen. Allerdings begibt er sich – Gouldners (1974) Vorwurf bestätigend – nicht aus der Mittelschicht hinaus etwa unter die Arbeiter; Goffman zieht mit seiner Frau nach Washington, um in einer psychiatrischen Anstalt als »athletic director« teilnehmende Beobachtungen durchzuführen (daraus entsteht sein berühmtes Buch *Asyle*).

Wenn auch *Asyle* das große Thema der »totalen Institutionen« hervorhebt, die ihre Insassen von ihren sozialen Bezügen kappen und durch die »mortification« des Selbst eine interne eigene Ordnung erzeugen, so geht es Goffman doch in all diesen Aufsätzen über die Randständigen um das Brechen von Regeln und dabei eigentlich um das, was gebrochen wird: die Normalität. Denn die jeweiligen Randständigkeiten bestimmen sich weniger durch das Abweichen von allgemeinen Verhaltensregeln als vielmehr dadurch, daß sie bestimmte Typen situativ angemessener Regeln brechen. So stellt Goffman etwa in *Psychische Symptome und öffentliche Ordnung* (in: 1971a, 151-163) heraus, daß viele pathologische Merkmale, die als Ausdruck psychologischer Zustände gedeutet würden, vielmehr in der Unfähigkeit bestehen, Regeln der sozialen Interaktion zu befolgen. Mentale Symptome verweisen auf Akte des Individuums, die anzeigen, daß es Annahmen über sich macht, die niemand dulden und mit denen niemand umgehen mag. Geisteskrankheit erweist sich dann als eine Anhäufung situativer Unangemessenheit und bezieht sich mehr auf das Verhalten einer Person als auf psychische Phänomene.

Dahinter klingt ein bedeutsames Thema an: die Normalität des Alltags. Manning (1992, 10ff.) charakterisiert sie mit der Formel »SIAC«. Zur Normalität gehört einmal die »situative Angemessenheit« (S). Die Normalität ist nämlich schon deswegen nicht von allgemeinen Regeln geleitet, weil diese in den unterschiedlichsten Kontexten auf verschiedene Weisen befolgt werden müßten. Eine Frau, die auf Aufforderungen in einer psychiatrischen Aufnahmestation nicht reagiert, wird als geistig verwirrt angesehen, während dieselbe Frau auf der nächtlichen Straße gut daran tut, Aufforderungen vorbeigehender Männer zu ignorieren. Die »situative Angemessenheit« macht zweitens auch einen angemessenen Grad der Beteiligung der jeweiligen Akteure erwartbar, ein »involvement« in diese Kontexte (I). »Involvement« bedeutet das Ausmaß, in dem Handelnde in Aktivitäten verstrickt sind. Goffman geht davon aus, daß von Handelnden je nach Situation unterschiedliche Grade der Aufmerksamkeit erwartet werden. So weist etwa der »daily course« eine Kontur der Involviertheit aus, die von Situationen ununterbrochener Aufmerksamkeit bis zu halbwachen »Auszeiten« reichen. Eng daran geknüpft sind (A) »Verfügbarkeit« (»accessibility«) und (C) »höfliche Unaufmerksamkeit (»civil inattention«). Verfügbarkeit ist die Voraussetzung zur Beteiligung, eine Kategorie, die für anonyme, öffentliche Personen andere Regelungen vorsieht als für «withs« oder »bystanders«. Sie bedeutet gewissermaßen die Bereitschaft für Interaktionen in bestimmten Situationen, sei dies die Bereitschaft, Unbekannten Auskunft zu geben, oder die, auf eine Frage im Gespräch mit Freunden eine Antwort zu geben. »Civil inattention« müßte genauer mit »höflicher Gleichgültigkeit« als höflicher Unaufmerksamkeit übersetzt werden; denn etwa der Umgang mit Unbekannten auf lebhaften Straßen, im Aufzug oder im Bus erfordert zwar eine geringe Beteiligung; doch behalten sich die angeblich Aneinandervorbeiblickenden fortwährend in den Augenwinkeln, sie betreiben ein beständiges gegenseitiges »monitoring«, durch das die Aufmerksamkeit jederzeit etwa auf plötzlich heranspringende Menschen gerichtet werden kann. Die höfliche Gleichgültigkeit bleibt solange erhalten, wie keine Territorien verletzt werden, keine Übergriffe oder gar Angriffe stattfinden. Bleiben die Regeln des höflichen Umgangs in der Öffentlichkeit eingehalten, vermitteln wir den Eindruck, die anderen zu ignorieren – und wir sind auch dazu angehalten.

Situative Angemessenheit, »Involvement«, Verfügbarkeit und höfliche Unaufmerksamkeit werden reguliert vor allem durch Rituale. Rituale regeln das »Einklinken« der Individuen in die Interaktion und zeigen an, in welcher Art sie sich an einem gemeinsamen Fokus der Aufmerksamkeit ausrichten. (Zugleich zeigen die Rahmen an, an welcher Welt von Bedeutungen sie sich beteiligen.) Rituale regeln vor allem die »alignments«, die Verbindungen zwischen den Teilnehmern.

c) Rituale

Der Ritualbegriff stellt, wie erwähnt, eine Erbmasse Durkheims dar. Doch Goffman verweist mit seinen Ritualen auch mehrfach auf die »Ritualisierung« der Verhaltensforscher, also emotional motivierte Verhaltensweisen, die unter dem Druck der natürlichen Auslese formalisiert, stereotyp übertrieben, vereinfacht und aus dem Kontext des auslösenden Reizes herausgenommen werden. Die interpersonellen Rituale, die Goffman vorwiegend betrachtet, regulieren auf vielfältige Weise den Umgang der Individuen miteinander. Dazu zählt etwa der bestätigende Austausch, der Formen des Miteinanderumgehens umfaßt, die dem andern zeigen, daß man ihn für ein respektiertes Mitglied der Gesellschaft hält, das gegrüßt wird, Komplimente erhält und dessen Teilnahme an sozialen Situationen ratifiziert wird. Dies geschieht etwa in Form der rituellen Klammern, die einen Austausch umrahmen, indem die Übergänge von verminderter oder erhöhter Zugänglichkeit ritualisiert werden. Goffman spricht hier deswegen auch von Zugänglichkeitsritualen (Goffman 1981a, 12). Bei Territoriumsverletzungen, Verlangen von nichtfreien Gütern und anderen Brüchen von Verpflichtungen findet ein korrektiver Austausch statt: eine Erklärung, die andere Motive für Normverstöße anführt; eine Entschuldigung, die das Individuum in ein verurteilendes und eines, das verurteilt wird, spaltet; oder ein Ersuchen, anstehende Regelverletzungen zu akzeptieren. Korrektive Rituale haben eine dialogische Form: Auf eine Korrektur muß das Opfer der Übertretung mit einer Antwort reagieren, die die Korrektur akzeptiert. Dazu ist eine gewisse rituelle Kompetenz erforderlich, also die Kenntnis der in einer Gesellschaft verwendeten Rituale und die Fähigkeit, sie anwenden zu können. Rituale können, wie Goffman anhand der »Beziehungszeichen« zeigt, ein rituelles Idiom ausbilden. Dieses Idiom ähnelt zwar der Sprache, hat aber »offenbar keine Grammatik, aufgrund derer durch die Permutation einer relativ kleinen Zahl von Elementen eine unendliche Anzahl verschiedener Sätze erzeugt werden könnte« (Goffman 1974, 301). Die Beziehungszeichen gelten Goffman als Beispiel eines rituellen Idioms. Sie sind weder Mitteilungen noch bloß Körperausdruck, sondern Mittel, durch die eine Position oder eine Verbindung in einer Situation angezeigt werden. Sie setzen sich aus Verhaltenselementen zusammen, die eine Person mit anderen in ihrer ökologischen Umgebung verbindet.

Wie Durkheim Rituale als Formen der symbolischen Repräsentation sozialer Ordnung ansah, ist auch für Goffman Ritual »eine mechanische, konventionalisierte Handlung, durch die ein Individuum seinen Respekt und seine Ehrerbietung für ein Objekt von höchstem Wert gegenüber diesem Objekt oder seinem Stellvertreter bezeugt« (Goffman 1974, 97). In den Augen Goffmans sind jedoch die wertvollen Objekte, die im Ritual verehrt werden, die Individuen selbst. Rituale gewährleisten deshalb, daß »der eine dem anderen Achtung erweist«

(Goffman 1981a, 8), und sie sichern Ehrerbietung und Respekt.

Deswegen kommt dem Image (»face«) eine besondere Rolle zu, denn es wird einerseits – gewissermaßen als soziale Außenseite des Individuums – mittels der Rituale aufgebaut; andererseits verbirgt sich hinter dieser Außenseite jener zynische Spieler, von dem schon zu Anfang die Rede war. Das Selbst tritt in das Sozialleben wie »eine Art Spieler in einem rituellen Spiel, der sich ehrenhaft oder unehrenhaft, diplomatisch oder undiplomatisch mit der Situation auseinandersetzt« (Goffman 1971a, 38). Goffman trägt diesem doppelten Selbst Rechnung, indem er es in eine »aktuale soziale Identität«, die jederzeit in Situationen bestätigt werden kann (was zur Verlegenheit führt), und eine »virtuelle Identität« auftrennt, die über Situationen hinweg aufrechterhalten wird (sie umfaßt die »Ego-Identität« und die persönliche Identität, die auf der individuellen Biographie aufbaut).

Diese »aktuale soziale Identität« überschneidet sich mit dem Gesicht. Individuen verfolgen typische Verhaltensstrategien (»lines«), d.h. ein Muster sprachlicher und nichtsprachlicher Handlungen, durch die Handelnde ihrer Einschätzung der Situation, der anderen Beteiligten und vor allem ihrer eigenen Person Ausdruck verleihen. Durch die Verfolgung einer bestimmten Verhaltensstrategie in der sozialen Situation produziert das Individuum ein bestimmtes Bild von sich. »Image kann als der positive soziale Wert definiert werden, den man für sich durch die Verhaltensstrategie erwirbt, von der die anderen annehmen, man verfolge sie in bestimmten Situationen« (Goffman 1971a, 10). Das Gesicht wird bei jeder Begegnung auf die Probe gestellt. Wenn der Ausdruck nicht zu einer verfolgten Verhaltensstrategie paßt, hat das Individuum ein falsches Gesicht (»wrong face«), verfolgt es keine erkennbare Strategie, ist es gesichtslos (»out of face«). Die Interaktion gelingt nur dann, wenn die Verhaltensstrategien beider beibehalten werden können, so daß die Teilnehmer sowohl ihr eigenes Gesicht wahren wie auch das den anderen: Selbstachtung und Rücksichtnahme werden verlangt.

d) Die Spielanalogie

Was von der Außenseite des Image als Ritual auftritt, ist aus der Innenansicht ein strategischer Zug, wie Goffman ihn durch die Spielanalogie zu erfassen sucht. Die Spielanalogie – die sich im Laufe der Kasino-Untersuchungen entwickelte – prägt sowohl *Encounters* (1961) wie die *Strategic Interaction* (1969). (*Strategic Interaction* war das Ergebnis eines Freisemsters, das Goffman in Harvard bei dem bekannten Spieltheoretiker Schelling verbracht hatte. Noch 1986 erkor Schelling es im *Harvard Guide of Influential Books* zu einem der fünf wichtigsten Bücher.) Während die Theater-Metapher ein gleichsam unproduktives Inszenieren beschreibt, erlaubt die Spielanalogie, die Folgenhaftigkeit des Alltagslebens zu erfassen: Gewinnen und Verlieren finden nicht auf der Bühne statt. Das Spiel bietet eine (wenn auch beschränkte) Analogie zu Interaktionen in Alltagsituationen. So versucht Goffman an verschiedenen Beispielen, das »Kasino-Vokabular« auf die Analyse des alltäglichen Handelns zu übertragen; in *Wo was los ist ...* (1971a, 164ff) liefert er sogar ein ganzes Begriffsgerüst, das Handeln mit Chancenwahrnehmung, Handlungsschritte mit Einsätzen und Handlungsziele mit Gewinnen gleichsetzt. In den *Strategischen Interaktionen* ergänzt Goffman dieses Vokabular mit einer Erörterung der verschiedenen Arten von Zügen, die Spieler außerhalb von Kasinos machen können, wo »action« sich nicht sofort in einem Gewinn auszahlt. Diese Züge reichen von »naiven Gesten«, die das Individuum unabsichtlich macht, bis zu kontrollierten Zügen, die auf das Spiel hin so entworfen sind, daß sie die Interaktion kontrollieren und Absichten verdecken sollen. Spieler treten natürlich in verschiedenen Rollen auf, die Goffman in der für ihn typischen Art klassifikatorisch ausbuchstabiert.

Allerdings beschäftigt sich Goffman mit einer besonderen Kategorie von Spielen, die Schelling als »mixed-motiv-games« bezeichnet. Denn soziale Interaktionen zeichnen sich durch eine eigenartige Kombination von Vertrauen und Strategie aus, die weder durch Nullsummenspiel noch durch »coordination games« erfaßt werden kann.[10] Im Unterschied zu Nullsummenspielen geht es Akteuren im Alltag oft um Einsätze, deren Wert für andere Handelnde sie nicht einschätzen können; zwar ähneln die ritualisierten Aspekte von Interaktionen den Koordinationsspielen, doch erweisen sich die meisten Interaktionen als undurchsichtiger. Daraus resultiert eine Art Unsicherheit, wie sie in allen guten Spionagegeschichten genutzt wird: Die Frage, wer will was warum, wird offengehalten.

e) Rahmen

Das doppelbödige Spiel der strategischen Interaktion findet sich wieder im »Täuschungsmanöver« der Rahmenanalyse, die ja auch den »Theaterrahmen« behandelt.[11] Die *Rahmenanalyse* ist Goffmans umfangreichstes Buch – oft als sein Hauptwerk bezeichnet –, auch wenn der Umfang, wie manche Kritiker einwenden, seine Ursache darin hat, daß Goffman pro Seite bezahlt wurde (Davis 1975) und überdies bloß »one damned fact after another« biete (Swanson 1975, 219).

Mit Rahmen werde die »Organisation von Erfahrung« und von Interaktionen geregelt. Was damit gemeint ist, kann die Beschreibung Gregory Batesons andeuten, von dem die Rahmenmetapher stammt. Bateson beobachtete, daß Ottern nicht nur miteinander kämpfen, sondern auch Kämpfen spielerisch »rahmen« können. Das Verhalten beim Kämpfen und beim Spielen des Kämpfens ist zwar ähnlich, aber nicht identisch; es muß also Zeichen (»Module«) geben, durch die Ottern den Kampf- vom Spielrahmen unterscheiden können. Wenn Ottern zu sol-

10 Dies hat auch Luhmann (1989, 40f. u. 66f.) erkannt, indem er die Rolle des Vertrauens bei Goffman hervorhebt.

11 Die *Rahmenanalyse* hat ihre anderen Wurzeln in *Spaß am Spiel* (in Goffman, 1961). Hier werden verschieden interaktive »Züge« zwischen Spielern analysiert, mit denen eine jeweilige Situationsdefinition aufrechterhalten wird. Zum Spion etwa gehört es, die Merkmale der Umgebung oder des Verhaltens eines anderen zu erkennen, die mit der scheinbaren Situationsdefinition nicht verträglich sind.

chen Rahmungen in der Lage sind, müßten diese bei Menschen in äußerst subtilen Formen ausgeprägt sein.

Der wichtigste Rahmen ist der »primäre Rahmen«. Darunter fallen natürliche Rahmen, die Situationen als physische Ereignisse definieren, die nicht von Menschenhand beeinflußt werden. Im Unterschied dazu machen soziale Rahmen Sinn durch menschliche Eingriffe und erfordern Agenten, die unser Verständnis eines Interaktionsausschnitts leiten. Die primären Rahmen bilden zwar den Hauptbestandteil einer jeden Kultur, doch sind sie auch oft nur das Ausgangsmaterial für mannigfaltige Sinntransformationen, und diese Transformationen sind sein zentrales Thema. Primäre Rahmen werden moduliert (keyed), wenn ihr Sinn in etwas transformiert wird, das zwar das Muster der primären Rahmen verwendet, aber unabhängig von ihm verläuft. Das System der Konventionen, das eine bestimmte Tätigkeit, die aufgrund eines primären Rahmens sinnvoll ist, in etwas transformiert, das dieser Tätigkeit nur nachgebildet ist, nennt Goffman Modulationen.

Da Rahmen Erfahrungen zu sinnvollen Einheiten ordnen, liegt – wie Eberle (1991) zeigt – ein Vergleich zur phänomenologischen Untersuchung der mannigfaltigen Wirklichkeiten nahe. Die »primären Rahmen« weisen tatsächlich deutliche Ähnlichkeit zu Schütz' (1971, 260f.) »ausgezeichneter Wirklichkeit« des Alltags auf (Goffman bezieht sich hier auf die Jamessche »Attention«, die Bergsons »attention à la vie« und Schütz' »Wachheit« entspricht); und die Modifikationen des Rahmens ähneln auch den »geschlossenen Sinngebieten« Schütz' (1984, 387), die nicht einmal durch ›Tranformationsregeln‹ aufeinander zurückführbar seien. Bei all diesen Ähnlichkeiten verfolgt indessen Goffman ein anderes Interesse. Während sich nämlich Schütz mit den Modulationen der subjektiven Erfahrung von Wirklichkeit beschäftigt und den Alltag von Traum, Phantasie und Theoretisieren scheidet, zielt Goffman keineswegs bloß auf subjektive ›Erlebnisstile‹. (Goffman bleibt dabei jedoch zwiespältig: Er betreibt zugleich »Wahrnehmungsanalyse und Interaktionsanalyse« (Eberle 1991, 194)). Ihn interessieren vor allem die Rahmen und ihre Modulationen, sofern sie in Interaktionen für die Beteiligten erzeugt werden, gewissermaßen kollektive Transformationen der Wirklichkeit.

Solche Transformationen stellen etwa die Täuschungsmanöver dar, bei denen nur die Täuschenden über die Module Bescheid wissen. Theaterrahmen dagegen bilden ein »Sinn-Reich« mit eigenem Wirklichkeitscharakter. Dabei gibt es spezielle Methoden, die etwa Innenräume aufschneiden, Gesprächssituationen aufbrechen, in Privaträume blicken lassen, und es gibt auch ein festes Gefüge von Figuren. Das Modul des Wettkampfs besteht darin, die Mittel des Alltags zu verwenden, doch ihre Folgen als nichternst zu bestimmen. Zeremonien sind offizielle Veranstaltungen, die dazu dienen, für bestimmte Personen wichtige Rollen darzustellen und herauszuheben – etwa das Brautpaar bei der Hochzeit. Die Probe bezeichnet alle Interaktionen, in denen geübt, ausgestellt, demonstriert, also im Hier und Jetzt eine zukünftige Situation simuliert wird, und schließlich können etwa Claqueure bestimmte Motive vortäuschen.

Da das Vertrauen in die primären Rahmen auf so vielfältige Weise erschüttert werden kann, gibt es auch Prozeduren, die Verankerungen von Rahmen vornehmen. Verankerungen (rituelle Klammern, Rollen, Spuren etc.) stellen sicher, daß der angestrebte Sinn des Rahmens und sein tatsächlicher Sinn identisch bleiben. Diese Verankerungen spielen im Alltag eine große Rolle, sichern sie doch Voraussagbarkeit und Routine.

f) Kommunikation

Die *Rahmenanalyse* endet mit einer »Rahmenanalyse des Gesprächs«, und Goffman setzt die Beschäftigung mit sprachsoziologischen Fragestellungen nicht nur in Aufsätzen bis zu *Felicity's Condition* (1983) fort; sein letztes Buch behandelt die *Forms of Talk*. Deswegen wird zuweilen auch von einer »linguistischen Wende« bei Goffman gesprochen (Phillips 1983). Tatsächlich aber hatte sich Goffman schon vor seinem Umzug nach Philadelphia (wo der Soziolinguist Hymes lehrte) mit dem Thema der

Kommunikation auseinandergesetzt; immerhin hatte sich sein Lehrer in Toronto (Ray Birdwhistell) mit Untersuchungen über nonverbale Kommunikation einen Namen gemacht, und seit 1972 war Goffman im Herausgebergremium der soziolinguistischen Zeitschrift *Language in Society* tätig. Schon in seiner Dissertation umschrieb er seinen Gegenstand als »conversational interaction between concrete persons who are in each other's immediate presence« und zielte auf ein »general communication framework« (1953, 9). Und 1964 richtete er, im Stile der späteren Konversationsanalyse, das Augenmerk auf die »turns at talking« in sozialen Situationen und bemerkt, »talk is socially organized, not merely in terms of who speaks to whom in what language, but as a little system of mutually ratified and ritually governed face-to-face action, a social encounter« (1972, 65).

Von einem »linguistic turn« kann lediglich insofern gesprochen werden, als sich Goffman seit Mitte der 70er Jahre zunehmend mit sprachlichen Daten auseinandersetzt. Denn nach wie vor betrachtet er sprachliche Kommunikation nur als einen spezifischen Handlungstyp, der allein die Situationen (Hymes' »speech events«) auszeichnet, »in which talk figures largely« (1981, 166). Denn Kommunikation ist für ihn mehr als nur sprachliches Handeln. Schon in *Presentation of Self* unterscheidet er »signs given« von »signs given off«, bewußt im Handeln gesetzte Zeichen von den beiläufigen Anzeichen und Symptomen.[12]

Sein letztes Buch, *Forms of Talk*, bedeutet also keineswegs eine späte Entdeckung der Sprache. Daß er überhaupt auf die sprachlichen Phänomene Bezug nimmt, liegt nicht zuletzt in seiner persönlichen und sachlichen Auseinandersetzung mit der Konversationsanalyse und ihren Vertretern begründet.[13] Dies zeigt schon der erste Aufsatz des Buches, in dem er sich

12 Goffman (1959) unterscheidet zwischen einem engen und einem breiten Kommunikationsbegriff, zwischen der »expression that he gives« und der »expression that he gives off«, d.h. »action that others can treat as symptomatic of the actor«, ohne daß sie sich mit der »information« decken müßte.

13 Bergmann (1991, 301) stellt fest, daß die Konversationsanalyse die von Goffman am häufigsten zitierte Literatur sei.

vehement gegen die »Kommunikationsingenieure« der Konversationsanalyse richtet. Zwar sei das Reden geprägt vom Redezugwechsel, doch beschrieben die Konversationsanalytiker lediglich »system requirements«, die für jeden sprachlichen Austausch erforderlich seien.[14] Sich auf die bloßen Sequenzen zu verlassen, hieße aber, die »sin of noncontextuality« zu begehen: Der Blick auf Äußerungen und Paarsequenzen ignoriere die Rolle des nonverbalen, situativen und rituellen Kontextes von Äußerungen und übersehe, daß dem sprachlichen Austausch ein interaktives Muster zugrundeliege: Antworten (»replies«) seien eigentlich Reaktionen (»responses«) auf erste Züge (er übernimmt dabei sein Modell von 1953[15]), die keineswegs notwendigerweise sprachlich verfaßt sein müßten. So sei der sprachliche Austausch neben systemischen Anforderungen gelingender Kommunikation auch von rituellen Mustern bestimmt, die konventionell festgelegt seien: Begrüßungs- und Beendigungssequenzen sind Muster, die interaktive und nicht bloß kommunikative Probleme lösen.

Wie Goffman am »simple ritual model« ausführt, gewährleisten diese Rituale, daß Handelnde aus dem Austausch unbeschädigt hervorgehen.[16] Schließlich beinhalte jede Äußerung eine Reihe von Voraussetzungen, die nicht sprachlich verfaßt seien und die auch nicht aufgezeichnet werden könnten, grundlegende Reinterpretationsschemata für Äußerungen und ihre Behandlung, wie die konsensuelle Antwort auf Bitten, die Behandlung von akustischen Problemen, die Thematisierung ritueller Voraussetzungen usw.

---

14 Dazu gehören die Fähigkeit einer beidseitigen akustischen Übermittlung von Botschaften; die Fähigkeit, Feedback-Signale zu geben, Kontaktsignale, turnover und preemtion Signale, mit denen der Wunsch nach Kontaktaufnahme, Beendigung und Wiederholung angezeigt werden (Goffman 1981, 14).

15 Den »interchange« definiert er 1953, 170: »Frequently the first message in one of these groupings presents a ›statement‹ of some kind and the following messages in the grouping provide a reply, then a reply on the reply, and so on.«

16 Sie umfassen Regulierungen der Auswirkungen von Äußerungen für die Einschätzung der Handelnden, für die Beziehung zwischen Sprecher und Hörer und die Reparatur und Akzeptanz offensiver Akte. Dieses rituelle Modell diente als Basis für die berühmte Studie von Penelope Brown und Stephen C. Levinson (1978) über Universalien sprachlicher Höflichkeitsformen.

Forms of talk ist insgesamt eine lose Sammlung von meist schon zuvor veröffentlichten Aufsätzen, die Goffman selbst unter drei sehr ungleichgewichtigen Themen zusammenfaßt: Ritualisierung, »participation framework« und »embedding«. Mit »Embedding« bezeichnet er (1981, 147) den Umstand, daß »in« den Äußerungen andere auftreten, wie etwa Figuren und Charaktere, Sprechende können »animator, author, principal« (und entsprechende Hörer-Rollen) sein, Äußerungen »fresh talk«, »memorization« oder »aloud reading«. »Participation framework« beschreibt das Verhältnis, das Anwesende durch den Vollzug einer Äußerung mit Bezug auf die Äußerung einnehmen, wobei die Stellung Einzelner »participation status« genannt wird: Durch Äußerungen werden sie zu Sprechenden und Hörenden, Fragenden und Antwortenden, Erzählenden und Zuhörenden. »Ritualisierung« schließlich bezieht sich hier weniger auf die großen Rahmen des Theaters, des Wettkampfs oder der Täuschung (bei den »frame spaces« [1981, 325f.] handelt es sich hier um verschiedene soziale Kontexte, die mit subtilen Mitteln erzeugt werden). Ritualisiert sind kommunikative Konventionen, die linguistischen Formen und Inhalten entsprechen und in Gestalt ritualisierter und stereotyper Sequenzen auftreten (Gumperz 1989), etwa wenn der Präsident vom formalen Interview zur Zurechtweisung überwechselt.[17] Wie diese Wechsel vonstatten gehen, zeigt Goffman am »Footing«, gewissermaßen dem Standbein, das Sprechende durch ihr »production format« und ihren Beteiligungsstatus ihren Aussagen geben. So wechselt das »footing« des von Goffman untersuchten Radiosprechers, der sich bei einem Werbespot für Büstenhalter verhaspelt (1981, 302), vom »Freund der Zuhörer« (»you'll especially love the softly lined cup«) zum (schicksalsträchtig) anerkennenden Träger von BHs (»I'm sure you'll love it. I do.«), zum Mann (»I don't need one myself naturally, as a man«) bis zum Selbstkritiker (»I recommend it ... How do I know? I really don't«). Die

17 Goffman verweist hier auf die von Gumperz analysierten »Kontextualisierungsschlüssel«, so daß Soeffners (1989, 143f.) Kritik, der Rahmenbegriff sei zu fixiert, wenigstens für die *Forms of Talk* nicht mehr zutrifft.

Forms of Talk zielen genaugenommen auf diejenigen Aspekte des »Redens«, die nicht in der Sprache selbst liegen, sondern bestenfalls von ihr angezeigt werden.

Goffman zielt im Grunde darauf, wie der nichtsprachliche Kontext, die Beteiligten, ihr interaktiver Schlagabtausch, ihr Vorwissen und ihre Vorgeschichte, in die Bedeutung von Äußerungen eingehen. Dies zeigt sich an seinem letzten, dem einzigen posthum veröffentlichten Aufsatz *Felicity's Condition* (1983). In Anspielung auf die »Glückungsbedingungen« der Sprechakttheorie, die Bedingungen zur gelingenden Ausführung eines Sprechakts (»Felicity's condition« kann auch als ›Felicity's Schwangerschaft‹ gelesen werden) untersucht er die in Äußerungen enthaltenen Implikationen, die zum Verständnis ihrer Bedeutung notwendig sind. Im Unterschied zu den Untersuchungen der Sprechakttheorie sind diese Bedingungen für Goffman keine kognitiven Konstrukte. Äußerungen werden im wesentlichen durch soziologische Rahmenbedingungen beschränkt: das in kommunikativen Vorgängen angehäufte Hintergrundwissen, die gemeinsam wahrnehmbare Umgebung und das gemeinsam unterstellte Wissen (1983, 28). Einmal mehr stößt er damit auf die in der Interaktionsordnung selbstverständlich gemachten Hintergrundannahmen (wer wen wo ansprechen darf, was erwähnt werden kann, worüber gesprochen werden kann), die, wie er moniert, kaum untersucht worden seien (1983, 48).

Die Untersuchung sprachlicher Interaktion scheint für Goffman eher ein Feld zu sein, an dem die soziale Dimension deutlich herausgestellt werden kann – sei es die interaktive Struktur von Redezugwechseln, die sozialen Kontexte des »Footing« oder die hinter den Präsuppositionen verborgenen sozialen Regeln. Goffman sucht diese soziale Dimension jedoch weder in einer Korrelation zwischen Sprachstrukturen und Sozialstruktur, noch sieht er sprachliche Mittel als »Indikatoren« von makrostrukturellen sozialen Kategorien wie Schicht, Ethnie oder Geschlecht an. Die soziale Dimension, die den Sinn von Äußerungen leitet, nennt er, einmal mehr, die Interaktionsordnung.

IV. Die Interaktionsordnung

Bei aller Vielfalt der Begriffe und Themen, die hier sehr vergröbert wiedergegeben werden, bezieht sich Goffman in allen Untersuchungen immer wieder auf diesen Bereich, den er in diesem letzten, von ihm selbst veröffentlichten Aufsatz auf den Begriff bringt: Sein Anliegen über all die Jahre hinweg nämlich sei es gewesen, die Interaktionsordnung als einen Gegenstand in eigenem Recht zu etablieren. Und hier wird der »Rahmen« ebensowenig erwähnt wie die Theatermetapher; selbst das Sprechen spielt nur eine Rolle, insofern es die Koordination erleichtert. Dieses Thema zieht sich auch wie ein roter Faden durch alle Arbeiten Goffmans hindurch, und es findet seinen Ausdruck in seiner immer wiederholten Betonung der Definition von sozialen Situationen, Ereignissen, Begegnungen. Lenz (1991b, 28ff.) führt eine Liste solcher Definitionen auf, die Goffmans Werk durchziehen, und zwar, wie Kendon (1988, 15f.) beobachtet, mit unterschiedlichen Abgrenzungen: zu Kleingruppenuntersuchungen, zur Psychologie oder zur Ethologie. Durchgängig bezeichnet Goffman darin die Interaktion im »microecological orbit« der sozialen Situation als seinen Untersuchungsgegenstand. Sie nämlich ist die »reality *sui generis*«, wie Goffman (1972, 63) sehr explizit in Anspielung auf Durkheim (»as He (!) used to say«) meint.

Goffmans Anliegen wird vielleicht von Giddens (1987, 115) am treffendsten auf den Begriff gebracht, der ihn als einen »theorist of co-presence« würdigt. Die Interaktionsordnung wird nämlich auf eine Weise erzeugt, die durchaus analog zur Simmelschen Vorstellung der sozialen Wechselwirkung verstanden werden darf (Simmel 1917/1970, 13). Dabei beginnt Goffman aus der Perspektive der Handelnden, um dann die Strukturen zu beschreiben, die in der Interaktion zwischen ihnen entstehen: »We look within an act for the involvement it seems to express; we look to the involvement for the regulations by which it is bound. And we look to these regulations as a sign of what is owed to the gathering and its social occasion as realities in their own right« (1963, 247). Diese Strukturen, die in Interaktionen entstehen, bilden eigene Einheiten aus. »Face-to-face interaction takes place in its own kind of units, in what here have been called engagements, gatherings, and social occasions« (1963, 245). Diese Einheiten haben natürliche Begrenzungen, die er früher ›naturally bounded units‹, ›basic interaction units‹, ›concrete units of interaction‹, ›natural units of social organization‹ und ›members of a single natural class‹ oder ›basic substantive units, their recurrent structures and their attendant processes‹ nannte (Williams 1980, 211). Die Interaktionsordnung bezeichnet jene kleinen Räume der Interaktion, in denen wir in körperlicher Präsenz mit anderen handeln. Es ist gerade ihre Unmittelbarkeit, die ihre Eigengesetzlichkeit ausmacht – im Unterschied zur Gesellschaftsstruktur.

Diese kleinen, von Interaktionen gebildeten Räume weisen durchaus Ähnlichkeiten zu dem auf, was Schütz die »reine Wir-Beziehung« nennt. Sie umschreibt den Bereich einer unmittelbaren Interaktion, in der Handelnde in aktueller Gegenwart aneinander orientiert sind. Dies macht den Kern der alltäglichen Lebenswelt aus, der sich durch an Alter Egos orientierten kommunikativen Wirkhandlungen auszeichnet. Wenn Schütz diesen Bereich durch Wechselseitigkeit und Unmittelbarkeit charakterisiert, läßt sich sogar noch verstehen, warum Goffman das Telephonieren oder Briefeschreiben nur als Grenzform ansieht: Sie sind zwar wechselseitiges, aber nicht unmittelbares Handeln.[18]

Während jedoch Schütz die Strukturen dieses Bereichs – als Strukturen der alltäglichen Lebenswelt – aus der subjektiven Perspektive des einzelnen Handelnden beschreibt, ist die Interaktionsordnung Goffmans ein Ergebnis nicht von Handlungsentwürfen, sondern von vollzogenen interaktiven Wechselwirkungen. Die soziale, räumliche und zeitliche Struktur der Interaktionsordnung kreist nicht um den »Nullpunkt des Egos« als Zentrum des Koordinatensystems; sie wird durch die zwi-

18 Eine an Goffman angelehnte Analyse des Fernsehens findet sich aber bei Meyrowitz (1987).

schen den Beteiligten vollzogenen Handlungen beschrieben. Und diese Strukturen bilden sich nicht im subjektiven Wissensvorrat ab, sie »are worn smooth by constant repetition on the part of participants who are heterogeneous in many ways and yet must quickly reach a working understanding« (1981c, 5).

Obwohl nicht aus der subjektiven Perspektive beschrieben, ist die Interaktionsordnung kein wissenschaftliches Konstrukt; sie ist der Bereich, in dem die Individuen leben. »More than to any family or club, more than to any class or sex, more than to any nation, the individual belongs to gatherings, and he had best shown that he is a member in good standing« (1963, 248).

Zur Beschreibung der Interaktionsordnung kehrt Goffman zum Thema der »Interaktionsanalyse« zurück, die er in *Behavior in Public Places* und *Relations in Public* ausgeführt hat (und die zum Vergleich angemerkt werden).

Den Kern der Interaktionsordnung bilden soziale Situationen, an denen zwei oder mehr Personen beteiligt sind; hier zeigen sie ihre Aufmerksamkeit und Anteilnahme, hier findet die Koordination von Handlungen statt, und hier sind ihre Körper verletzlich (ein für die Ausbildung dieser Ordnung von Goffman immer wieder betonter Aspekt). Die soziale Situation zeichnet sich ihm durch eine – allen philosophischen Dekonstruktionen zum Trotz – ›Präsenz‹ aus, die allein den »nackten Sinnen« der Beteiligten (Goffman 1972, 61f.) zugänglich ist. Situationen setzen dann ein, wenn es gegenseitige Aufmerksamkeit (monitoring) gibt, und sie endet, wenn die vorletzte Person gegangen ist (Goffman 1967, 144). Diese Situationen bilden eine Welt für sich: »The persons present to one another are thus transformed from a mere aggregate into a little society, a little group, a little deposit of social organization. Similarly, the modification in their behavior which they suffer by virtue of finding themselves in a particular social situation – their enactment of situational proprieties – constitutes, when taken together, a little social system« (Goffman 1963, 243). Die kleinen Räume sozialer Situationen sind das Reich der sozialen Interaktion. Sie bilden gewissermaßen die formalen Bausteine des Alltags, in dem wir mit wirklichen Anderen verkehren und sind stärker strukturiert als andere.

Sieht man von dem Umstand ab, daß diese Strukturen von den Aufmerksamkeitszuwendungen und Handlungsbeteiligungen von Personen leben, lassen sich die Personen in Situationen als bewegliche Einheiten beschreiben (»ambulatory units«): als »singles«, als »withs« (Zusammengehörige), Reihen, Prozessionen, Schlangen usw. Neben den beweglichen Einheiten stellt die Begegnung (»contact«) ein zweites Element dar, bei dem ein Individuum in »response presence« eines anderen gerät. (»Response presence« ähnelt in Goffmans Beschreibung dem, was Schütz die »Reichweite« nennt, wobei das Telephonieren und Briefeschreiben in die sekundäre, technologisch vermittelte Wirkzone sozialer Interaktion fällt.) Begegnungen reichen von flüchtigen Blicken bis zu Konversationen. »Encounters« (auch ›face engagement‹ oder ›focused gathering‹) bzw. Zusammenkünfte bezeichnen jene Situationen, bei denen ein kleiner Kreis von Teilnehmern zu einer ausdrücklich gemeinsamen Unternehmung zugelassen wird (Goffman 1972, 64). Dabei verweist der Begriff des »gathering« auf die Anordnung oder Konstellation der Beteiligten, die durch die Einnahme einer räumlichen und sozialen Position innerhalb der Interaktion entsteht.[19] Zusammenkünfte können ›fokussiert‹ sein, d.h. sich durch einen allen Teilnehmenden gemeinsamen Brennpunkt der Aufmerksamkeit auszeichnen. Sie können von der sprachlichen Kommunikation dominiert werden, etwa Konversationen, oder auch von nichtsprachlichen Handlungen geprägt sein (Kartenspiele, Faustkämpfe).

Eine besondere Form der Zusammenkunft bietet das Bühnenformat, bei dem sich ein Publikum formiert, das einen gemeinsamen Fokus der Aufmerksamkeit teilt. Goffman meint hier jedoch nicht den »Bühnenrahmen«; er bezieht sich auf den formalen Umstand, daß Beteiligte ein Publikum bilden, das sich an von Vorführern präsentierten Aktivitäten orientiert

19 In der ersten Fassung (1963, 18) bezeichnet »gathering« »any set of two or more individuals whose members include all or only those who are at the moment in one another's presence«.

(und er bezieht hier auch die mediale Vermittlung durch Fernseher, Filme o.a. mit ein). Die »größte« Form sozialer Situationen bildet die feierliche Veranstaltung (»occasion«), die aus besonderen Gründen anberaumt wird, eine Zulassungsbeschränkung aufweist und eine Reihe von Ereignissen, Zusammenkünften, Bühnenformaten, Begegnungen usw. beinhalten kann (vgl. auch Goffman 1963, 18).

Während diese ›für das Sozialleben in der Interaktionsordnung spezifischen Formen und Prozesse‹ für mikroanalytische Studien von Bedeutung sind, beschäftigt sich Goffman in der *Interaktionsordnung* vor allem mit der Frage, in welcher Beziehung sie zur Sozialstruktur stehen. Dabei vertritt er keineswegs einen »Situationalismus«, d.h. eine Auffassung, der gemäß soziale Strukturen alleine situativ erzeugte Leistungen der Interagierenden sind. Die Trennung von Situationalem und Situativem – Goffmans Variante des Verhältnisses von sozialen »Mikro- und Makrophänomenen« – stellt das eigentliche Thema der *Interaktionsordnung* dar: »the interface between the interaction order and the more traditionally considered elements of social organization« (1981c, 8). »Interfaces« bedeutet nicht, daß die soziale Organisation auf die Struktur rückführbar wäre. Goffman ist nicht einmal der Auffassung, daß die Interaktionsordung »wirklicher« sei als die Sozialstruktur. Allein in der (für die Beteiligten wie die Beobachter relevanten) erfahrungsnahen (»promissory, evidential character«) empirischen Zugänglichkeit liegt ihr Vorteil: Sie scheint »more open to systematic analysis than are the internal or external workings of many macroscopic entities« (1981c, 9). Goffman geht davon aus, daß die soziale Organisation, Arbeitsteilung, Produktion, Sprachwandel usw., eigenen, nicht von den Interaktionen bestimmten Regeln folgt. »In sum, to speak of the relatively autonomous forms of life in the interaction order (...) is not to put forward these forms as somehow prior, fundamental, or constitutive of the shape of macroscopic phenomena« (1981c, 9). Deshalb trifft es auch nicht zu, daß Goffman »die Grenze zwischen Mikro- und Makrosoziologie für eine künstliche«

(Hettlage 1991, 127) hält. Vielmehr wird die Eigengesetzlichkeit der Interaktionsordnung gerade im Kontrast zur Gesellschaftsstruktur deutlich. Beide Bereiche sind indessen nicht hermetisch voneinander abgeschlossen. Mit dem Begriff der Interaktionsordnung betont Goffman, daß sich in Interaktionen eine von makrostrukturellen Faktoren lediglich durch »interfaces« (bzw. »institutional reflexivity«) verbundene eigene soziale Ordnung ausbildet.

Die »Interfaces« stellen die »Schnittstellen« dar, an denen sich die vergleichsweise eigenständige Interaktionsordung mit der Sozialstruktur berührt. Solche »Schnittstellen« liegen dort, wo soziale Situationen durch Handlungsfolgen, Zugang des Personals oder symbolische Bedeutung Wirkungen auf die Organisation der Gesellschaft zeitigen. Makrosoziologische soziale Organisationen können etwa an öffentlichen Plätzen in der Gestalt von besonderen Kräften für Ordnung sorgen. Gleichermaßen können interaktive Muster, wie etwa Sitzstreiks, Lichterketten und Demonstrationen, die Ordnung »von unten« angehen. Schnittstellen beider Ordnungen sind auch organisatorisch relevante Personen, die in der Interaktionsordnung auftreten, zugleich aber auch – z.B. durch Fehlen, Krankheit, Tod von Führungspersönlichkeiten – wichtige Konsequenzen für die soziale Organisation haben können. Auch für Organisationen konstitutive Arbeit wird vielfach in sozialen Situationen erledigt, und schließlich existiert eine spezielle Klasse von Schlüsselsituationen (»people-processing-encounters«), in denen auf der Grundlage von interaktiven Vorgängen (Eindruck schinden, Face-work, Kompetenzdemonstration etc.) über die Rolle von Personen in Organisationen entschieden wird. Solche Schlüsselsituationen können schwerwiegende Auswirkungen auf die soziale Organisation haben, wie sich an dem von Bourdieu (auf den Goffman sich explizit bezieht) beschriebenen »quiet sorting« zeigt: Selektionsprozesse zwischen Geschlechtern, Alters- oder Milieugruppen haben hier ihren ›Sitz im interaktiven Leben‹. Auch an den Regeln darüber, welchen Kategorien von Handelnden welche Handlungen gewährt, entzogen oder gebilligt werden, an modischen Wandlungen von Umgangsformen (vom formalen Sie zum informellen Du) und an politisch oktroyierten Umgangsformen – etwa dem Hitlergruß – zeigt sich, daß es eine »lockere Verbindung« zwischen den beiden Ordnungen gibt; wie Goffman an den schönen Beispielen des Schlangestehens bei Dienstleistungsinteraktionen zeigt, werden die aus der klassischen Herr-Knecht-Beziehung erwachsenen Dienstleistungsinteraktionen von den Prinzipien der Gleichheit und gleichen Höflichkeit beherrscht. Diese Prinzipien treffen zwar real nur in bedingtem Maße zu, doch versuchen die Beteiligten den Eindruck aufrechtzuerhalten, daß diese Prinzipien gelten: Im fortwährenden Versuch, Statusmerkmale aus der Dienstleistungsbeziehung auszuschließen, zeigen etwa Schlangestehende sich selbst die Eigengesetzlichkeit der Interaktionsordnung an.

Um die Trennung zwischen Interaktionsordnung und sozialer Organisation durchzuführen, wendet sich Goffman mit Vehemenz gegen Durkheims bekannte »Litanei« der symbolischen Repräsentation der Gesellschaft in feierlichen sozialen Anlässen. Symbolische und rituelle Inszenierungen, wie sie in Zeremonien vollzogen werden, können durchaus Folgen für die Sozialstruktur haben. Allerdings wirken sich zeremonielle Handlungen – Lichterketten könnten hier ebenso ein Beispiel sein wie der »Runde Tisch«, Krönungszeremonien, modische Wandlungen der Anredeformen (rituelle Idiome) und politische Bewegungen ›von unten‹ – nur manchmal auf die gesellschaftliche Ordnung aus, es gibt lediglich eine »lose Koppelung« interaktiver Praktiken und sozialer Strukturen. Die vielleicht engste Koppelung zeigt sich einerseits bei sozialen Beziehungen, vor allen Dingen aber bei sozialen Kategorien wie Klasse, Geschlecht oder ethnischer Zugehörigkeit. In einer eindrücklichen Analyse von Dienstleistungsinteraktionen zeigt Goffman, wie in der Interaktionsordnung der Eindruck der von Hautfarbe, Klasse und Alter unbeeinflußten fairen und gleichen Behandlung aufrechterhalten wird, obwohl diese Gleichbehandlung nicht durchgehalten werden kann. Denn soziale Kategorien des Alters, Geschlechts, der Klasse und der ethnischen Zugehörigkeit durchschießen die in der Dienstleistungsinteraktion institutionalisierten Regeln der Gleichbehandlung. Wie die sozialstrukturelle Kategorie sich in der Ordnung der Interaktion ausprägt und zu einer Anordnung führt, zeigt er in dem zweiten Aufsatz.

V. Interaktion und Geschlecht

In seiner Untersuchung des Geschlechterproblems grenzt sich Goffman – ganz in der Logik der »Interaktionsordnung« – von einer sozialstrukturellen Betrachtung ab und untersucht die »Anordnung« der Geschlechter in sozialen Situationen. Damit meint er nicht einfach »das Verhältnis« der Geschlechter zueinander, sondern eben das »Arrangement« der Geschlechter. Dieses »Arrangement« bezieht sich zum einen darauf, daß die Konstellation, in der Frauen und Männer zueinander stehen, im Handeln, in Ritualen und in der Mikroökologie ihrer Anordnung zueinander hergestellt wird. Frauen und Männer »arrangieren« sich so, daß die ihnen je zugeschriebenen Eigenheiten zum Ausdruck kommen können. Das Arrangement ist aber auch die Anordnung, in die Geschlechter durch Kulturmuster gebracht werden, die nicht zur Disposition stehen und die in ihren Handlungen nicht frei gewählt werden können. Wie die Geschlechtskategorie in der »Interaktionsordnung« eine Schnittstelle zur Sozialstruktur darstellt, so wird sie im »Arrangement der Geschlechter« vorbestimmt von dem, was hier »institutionelle Reflexion« heißt. Die »institutionelle Reflexion« metaphorisch als »Rahmen« zu beschreiben, wie Hettlage oder Manning (1992, 132ff.) das tun, geht daran vorbei, daß es vorgegebene soziale Orte für Männer und Frauen gibt. Dabei sind Frauen für Goffman eine benachteiligte Gruppe. Ihr Zugang zum öffentlichen Raum zu öffentlichen Ämtern und zu Bildungsmöglichkeiten ist beschränkt, ihre Bezahlung ist niedriger. Zugleich aber sind sie eine benachteiligte Gruppe besonderer Art. Nicht nur, daß sie auch bestimmte Privilegien genießen (sie sind vom Militärdienst ausgenommen, von harter Arbeit und genießen bestimmte Formen der Höflichkeit); im Unterschied zu den benachteiligten Gruppen, die sozialräumlich ausgesondert, in Schwarzenvierteln segregiert oder in totale Institutionen abgeschoben werden, sind Frauen gleichmäßig auf viele Bereiche der Gesellschaft verteilt: etwa als Kinder oder als Ehefrauen. Obwohl die Geschlechter in einem krassen Gegensatz zueinander definiert sind, sind Frauen doch zugleich durch tiefe Bande an die Männer gebunden und müssen in verschiedenen Situationen mit Männern zusammenarbeiten. Überdies werden sie in den Glaubensvorstellungen als wertvoller, zarter, gebrechlicher angesehen; durch Werte wie Mutterschaft, Sanftheit und Anziehungkraft werden sie idealisiert und mythologisiert.

Der Unterschied der Geschlechter wird also nicht nur in Interaktionen erzeugt, er wird zugleich von Institutionen geregelt: der Paarbeziehung, der Familie als Sozialisationsinstanz, dem Arbeitsplatz und seinen Trennungen, dem Wettkampf. »Institutionelle Reflexionen« scheinen so eine Form jener erwähnten Schnittstellen zwischen Interaktionsordnung und Gesellschaftsstruktur zu sein. Dies betont Goffman schon in *Geschlecht und Werbung* (1981a, 38): »Ähnlich wie andere Rituale, so können auch die Darstellungen der Geschlechter fundamentale Merkmale der Sozialstruktur ikonisch reflektieren.« Andererseits aber weist die Interaktionsordnung auch hier ihre eigene Logik auf: »Ebenso leicht aber können diese Ausdrucksweisen ein Gegengewicht zu fest verankerten Verhältnissen darstellen und für diese entschädigen«.

Damit stellt sich Goffman deutlich gegen die populäre Vorstellung des »Doing Gender«, wie sie etwa von West und Zimmerman formuliert wird. Sie gehen – im Sinne der Ethnomethodologie – davon aus, daß der Geschlechtsunterschied eine andauernde Leistung von Handelnden ist, daß also Geschlechtlichkeit fortwährend konstruiert wird. Im Unterschied dazu erweist sich Goffman geradezu als Sozialkonstruktivist, der die Rolle von Institutionen und die anthropologischer Rahmenbedingungen anerkennt. Denn Goffman bestreitet biologisch bestimmbare Unterschiede zwischen den Geschlechtern nicht. Wenn aber gerade moderne Gesellschaften technisch in der

Lage sind, etwa ethnische Körperunterschiede, Bildungsunterschiede, militärbedingte Abwesenheiten usw. zu kompensieren, dann verwundert es doch, daß der ohnehin nicht sehr große Unterschied zwischen den Geschlechtern nicht minimiert, sondern geradezu rituell überhöht wird, daß das Geschlecht als ein Prototyp der Einteilung der Gesellschaft behandelt wird: Schon zu Beginn seines Lebens wird jedes Individuum einer der zwei Geschlechterklassen zugeordnet, und daran wird ein »Sondierungsprozeß« angeschlossen, der es einer nach diesen Klassen getrennten Erziehung und Behandlung unterwirft. Diese Trennung gilt für die gesamte Population und wird (im Unterschied zur Sexualität, von der angenommen wird, sie erwachse in der Jugend und nehme im Alter ab) lebenslang beibehalten.

Daß das Geschlecht zur Lösung »organisatorischer Probleme« herangezogen wird, hat seinen Grund darin, daß die Aufgliederung der Gesellschaft nach Geschlecht und Fortpflanzungslinien ein einfaches Instrument zur Herstellung von sozialer Ordnung bietet. Goffman vertritt dabei, was er eine funktionalistische Position nennt: Was Personen als Angehörige von Geschlechtskategorien kennzeichnet, ist ihre Fähigkeit und Bereitschaft, bei ihrer Darstellung einen gewissen Plan einzuhalten; nur der Inhalt der Darstellungen unterscheidet die Kategorien voneinander. »Und insofern die natürlichen Ausdrucksweisen der Geschlechter – im hier verstandenen Sinn – natürlich und expressiv sind, ist das, was sie natürlich ausdrükken, die Fähigkeit und Bereitschaft der Individuen, eine Version des Bildes von sich und ihren Beziehungen in gewissen strategischen Augenblicken zu porträtieren – also eine funktionale Übereinkunft, sich füreinander mittels gestischer Bilder von der angeblichen Realität ihrer Beziehung und der angeblichen Art ihrer menschlichen Natur darzustellen, und dem anderen ebenfalls eine solche Darstellung zu ermöglichen.« (1981a, 36)

Erst wenn ein Individuum dem gesellschaftlichen Sondierungsprozeß unterworfen wird, redet Goffman von Geschlecht. Die dazugehörigen gesellschaftlichen Ausprägungen bezeichnet er als geschlechtliche Subkulturen. Indem Individuen in diese Sondierungsprozesse einbezogen werden und vor allen Dingen die Glaubensvorstellungen davon übernehmen, was einen Mann oder eine Frau ausmacht, entwickeln sie eine Geschlechtsidentität. Diese zeigt sich nicht nur an Vorstellungen, sondern wirkt sich auch auf Verhaltensmuster aus, so daß Goffman von »Genderismus« redet.

Dieser Genderismus nimmt rituelle Muster auf, die aus anderen Kontexten abgeleitet werden. So bildet die Eltern-Kind-Beziehung eine wichtige Quelle für »Darstellungen« in späteren Jahren. (Andere Rituale führt er auf das Militär zurück.) Sie gibt das Muster von Verhaltensweisen vor, die in ähnlicher Weise zwischen den Geschlechtern wie zwischen Über- und Untergeordneten wieder auftreten. So verwenden Männer Frauen gegenüber herzliche Anredeformen und verbale Bekundungen von Anteilnahme, »die sich (bei näherem Hinsehen) als Ausdruck einer elterlichen Haltung und als durchaus asymmetrisch erweisen« (1981a, 41). Das gilt in verstärktem Maße für die photographische Darstellung der Geschlechtsbeziehungen, die – in ihrem »kommerziellen Realismus« – diese Asymmetrie zum Ausdruck bringt. Die Geschlechtsbeziehungen sind so definiert, daß Männer die Bedürfnisse der Frauen erfüllen und sie wie Kinder lieben sollen; Frauen haben das Recht, ja es wird von ihnen erwartet, Emotionalität zu zeigen, während die Männer stoisch alleine zu stehen haben.

Das Arrangement der Geschlechter zeigt sich in aller Deutlichkeit an zwei rituellen »Systemen«: den Höflichkeiten, die Frauen gewährt werden, und dem Hofmachen. Das Hofmachen geht auf den Umstand zurück, daß Frauen, denen »Anziehungskraft« zugeschrieben wird, gewissermaßen den Zugang zu sich kontrollieren, während Männer, die »angezogen« werden, Interesse zeigen, das Interesse aber auch entziehen können. Obwohl beim Hofmachen sowohl Frauen wie Männer den Eindruck dessen vermeiden, was hierzulande »Anmachen« genannt wird, obwohl sie also so tun, als zeigten sie kein offenkundiges sexuelles Interesse, benutzen sie eben verschiedene weniger offenkundige Mittel dazu. Das System der

Höflichkeiten ergänzt das Hofmachen. Die »Zerbrechlichkeit« nämlich findet ihren Ausdruck darin, daß Männer Frauen in den verschiedensten Situationen fürsorglich »unter den Arm« greifen dürfen oder sollen, um sie vor Schmutz, schweren Lasten und Gefahren zu bewahren. Die Höflichkeiten erlauben den Männern zugleich jenen Zugang zu Frauen, der die Möglichkeit zum Hofmachen schafft – einen Zugang, den Frauen um so mehr kontrollieren müssen, weil »Freizügigkeit« moralisch verurteilt werden kann.

Neben diesen Ritualen ist die Anordnung der Geschlechter durch mehrere Institutionen geregelt. So erlaubt die Institution der Paarbildung beiden Geschlechtern, sich jeweils im Unterschied zum anderen zu definieren. Die Institution der Familie wirkt überdies als ein »Übungsfeld« für die Ausbildung einer Geschlechtsidentität bei Kindern, die – trotz des allgemeinen Prinzips der Gleichbehandlung der Kinder – hinsichtlich Strafen, Aufgaben, Vorrechten nach Geschlecht unterschiedlich behandelt werden und so in die elementare Rollendifferenzierung eingeübt werden. Eine dritte institutionelle Reflexion besteht in der räumlichen Segregation der Geschlechter, die Goffman anhand von Toiletten illustriert. Die biologisch keineswegs erklärliche Einrichtung von nach Geschlechtern getrennten Toiletten stellt gewissermaßen einen sozialräumlichen Ausdruck der Trennung und Ungleichheit dar, der nicht nur Exklaven für die Geschlechter schafft, sondern Zusammenkünften auch einen geschlechtsgeleiteten Rhythmus des Zusammenkommens und Trennens auferlegt. Diese sozialräumliche Trennung trifft auch für andere Bereiche der Öffentlichkeit zu, etwa Bereiche in Kaufhäusern, die alleine für Frauen eingerichtet sind.

Eine vierte institutionelle Reflexion zeigt sich an Arbeitsplätzen. Ist der Zugang von Frauen zu bestimmten Arbeitsplätzen schon strukturell beschränkt, so finden sie sich überdies in Bereichen, die der häuslichen Arbeit ähneln: Dienstleistungen, Bekleidung, Nahrungszubereitung usw. Dort stehen sie oft in einem dem Eltern-Kind-Schema ähnelnden Verhältnis zu Männern, wie etwa dem der Sekretärin zu ihrem »onkelhaften«

Vorgesetzten. Überdies werden für »öffentliche Berufe« (Verkäuferin, Bedienung, Stewardess) meist solche Frauen ausgewählt, die weitaus jünger und attraktiver sind als jede Zufallsstichprobe erwarten ließe. So sind auch die von Männern dominierten beruflichen Bereiche mit wenigstens einigen Frauen besetzt. Dies ermöglicht den Männern wiederum, ihre Identität zu festigen, können sie doch in diesen Arbeitsfeldern Rituale der Höflichkeit und des Hofmachens an den Tag legen. Schließlich bietet die Gesellschaft ein – trotz gewisser »androgyner« Auflockerung – immer noch recht genau arbeitendes System geschlechtlicher Identifikation. Kleidung, Stimme und vor allem die sprachliche Anrede – Pronominalformen und Namen – machen die Unterscheidung der Geschlechter zu einer allgegenwärtigen Erscheinung.

Wie diese Beispiele die institutionelle Anordnung der Geschlechter in Interaktionen reflektieren, so wird auch die männliche und weibliche »Natur« durch institutionelle Reflexivität sozial gesichert. Die Rituale des Hofmachens etwa erweisen sich als Ableitungen aus denen des Kampfes, ja als letztes Refugium der »Jäger« (eine Quelle, die bis zu Vergewaltigungen führen kann); ebenso bezeugt die Selektion der Partner nach der Körpergröße eine gesellschaftliche Regelung: Obwohl nämlich aufgrund der Normalverteilung der Körpergrößen Paare mit größeren oder gleichgroßen Frauen wenigstens häufig zu erwarten wären, suchen sich Männer typischerweise kleinere Frauen aus (und vice versa). (Dasselbe gilt auch für das Alter.) Durch solche Selektionen stellen die Leute erst jene Unterschiede her, die dann als natürlich gelten. Die männliche »Natur« beruht überdies auf einer besonderen Weise der Einübung in Sportspiele, die sich nicht nur durch eine – in vielen Fällen (Tischtennis, Schießen) biologisch unbegründete – Trennung der Geschlechter auszeichnet; Männer werden auch in stärker kämpferische Formen eingeübt (vgl. Fine 1987). Selbst die anscheinend unbedeutenden Formen spielerischen Nekkens, Jagens oder Hänselns reproduzieren solche Unterschiede. Wie noch die kleinsten Beschwernisse (Türaufhalten) zur Bekundung einer Höflichkeit dienen können, kann jede Situation – natürlich auch Gespräche – zur Darstellung des Geschlechts und der Geschlechtsidentität benutzt werden. Die rituellen Darstellungen spiegeln eine Politik der Geschlechter wider, die dem Mann Züge der Kompetenz und selbst der kompetenten Frau Züge der Hilfsbedürftigkeit verleiht. Deswegen sieht Goffman die moderne Gesellschaft als durch und durch patriarchalisch an.

Literatur

Bergmann, Jörg R. (1991): Goffmans Soziologie des Gesprächs und seine ambivalente Beziehung zur Konversationsanalyse, in: Hettlage/Lenz (Hg.) (1991), 301-326.

Bourdieu, Pierre (1983): Erving Goffman, Discoverer of the infinitely small, in: *Theory, Culture and Society* 2,1.

Brown, Penelope/ Stephen Levinson (1978): Universals in language usage: Politeness phenomena, in: Goody, Esther N. (Hg.), *Questions and Politeness*. Strategies in Social Interaction, Cambridge, 56-289.

Clough, Patricia Ticineto (1992): *The End(s) of Ethnography*. From Realism to Social Criticism. Newbury Park.

Collins, Randall (1988): Theoretical Continuities in Goffman's Work, in: Drew/Wootton (Hg.) (1988), 41-63.

Davis, M. (1975): Review of Frame Analysis, in: *Contemporary Sociology* 4, 6, 599-603.

Denzin, Norman/Charles Keller (1981): Frame Analysis Reconsidered, in: *Contemporary sociology* 10, 52-60.

Ditton, Jason (Hg.): *The View from Goffman*. London 1980.

Drew, Paul/Anthony Wootton (Hg.) (1988): *Erving Goffman: Exploring the Interaction Order*. Oxford 1988.

Eberle, Thomas (1991): Rahmenanalyse und Lebensweltanalyse, in: Hettlage/Lenz (Hg.) (1991), 157-210.

Eibl-Eibesfeldt, Irenäus/Wulf Schiefenhövel/Volker Heeschen (1989): *Kommunikation bei den Eipo*. Eine humanethologische Bestandsaufnahme. Berlin.

Fine, Gary Alan (1987): *With the Boys. Little League Baseball and Preadolescent Culture*. Chicago und London.

Geertz, Clifford (1983): Blurred genres: The refiguration of social thought, in: *Local Knowledge*. Further Essays in Interpretive Anthropology. New York, 19-35.

Giddens, Anthony (1987): Goffman as a systematic social theorist, in: *Social Theory and Modern Sociology*, Oxford, 109-139.
Goffman, Erving (1951): Symbols of class status, in: *British Journal of Sociology* 2, 294-304.
– (1952): On cooling the mark out: Some aspects of adaptation to failure, in: 451-463.*Psychiatry* 15,
– (1953): *Communication Conduct in an Island Community.* Unveröff. Ph.D. Dissertation. Chicago, U.C.
– (1956): *Presentation of Self in Everyday Life.* Edinburgh (University of Edinburgh Social Sciences Research Centre, Monograph No. 2).
– (1959): *The Presentation of Self in Everyday Life.* Harmondsworth.
– (1961): *Encounters: Two Studies in the Sociology of Interaction.* Indianapolis, (dt.: *Interaktion. Spaß am Spiel. Rollendistanz.* München 1973.
– (1963): *Behavior in Public Places: Notes on the Social Organizations of Gatherings.* New York, (dt. 1971)
– (1967): *Interaction Ritual: Essays on Face-to-face Behavior.* Harmondsworth 1967.
– (1969): *Strategic Interaction.* Philadelphia, (dt.: *Strategische Interaktion.* München 1981.
– (1971): *Verhalten in sozialen Situationen.* Strukturen und Regeln der Interaktion im öffentlichen Raum. Gütersloh (engl. 1963).
– (1971a): *Interaktionsrituale.* Über Verhalten in direkter Kommunikation. Frankfurt (Main) (engl. 1967).
– (1972; 1964): The neglected situation, in: Giglioli, Pier Paolo (Hg.), *Language and Social Context*, Harmondsworth, 61-66.
– (1972a): *Relations in Public.* Harmondsworth (Penguin), dt. 1974.
– (1974): *Das Individuum im öffentlichen Austausch.* Mikrostudien zur öffentlichen Ordnung. Frankfurt (Main) (engl. 1972a).
– (1977): *Rahmen-Analyse.* Ein Versuch über die Organisation von Alltagserfahrungen. Frankfurt (Main).
– (1978): Erwiderungen und Reaktionen, in: Hammerich, K./Klein, M. (Hg.), *Materialien zur Soziologie des Alltags. KZfSS Sonderheft* 20. Opladen 1978, 120-176.
– (1981): *Forms of Talk.* Oxford.
– (1981a): *Geschlecht und Werbung.* Frankfurt (Main).
– (1981b): Reply to Denzin and Keller, in: *Contemporary Sociology* 10, 60-68.
– (1981c): The interaction order, in: *American Sociological Review* 48, 1-17.
– (1983): Felicity's Condition, in: *American Journal of Sociology* 89, 1, 1-52.
– (1989): On fieldwork. (Transkribiert und herausgegeben von Lyn H. Lofland), in: *Journal of Contemporary Ethnography* 18, 2, 123-132.

Gouldner, Alvin (1974): *Die westliche Soziologie in der Krise*. Reinbek bei Hamburg, 453-466.

Gumperz, John (1989): Cadrer et comprendre. Une politique de la conversation, in: Isaac Joseph et al., *Le parler frais d'Erving Goffman*. Paris, 123-154.

Hettlage, Robert/Karl Lenz (Hg.) (1991): *Erving Goffman – ein soziologischer Klassiker der zweiten Generation*. Bern und Stuttgart.

Hettlage, Robert (1991a): Rahmenanalyse – oder die innere Organisation unseres Wissens um die Ordnung der Wirklichkeit, in: Hettlage/Lenz (Hg.) (1991), 95-154.

– (1991b): Klassiker der zweiten Generation: Erving Goffman, in: Hettlage/Lenz (Hg.) (1991), 385-441.

Hitzler, Ronald (1992): *Der Goffmensch. Überlegungen zu einer dramatologischen Anthropologie*, MS München.

Jameson, Fredric (1976): On Goffman's Frame Analysis, in: *Theory and Society* 3,1, 119-133.

Kendon, Adam (1988): Goffman's Approach to Face-to-Face Interaction, in: Drew/Wootton (Hg.) (1988), 14-40.

Lenz, Karl (1991a): Goffman – ein Strukturalist?, in: Hettlage/Lenz (Hg.) (1991), 243-297.

– (1991b): Erving Goffman – Werk und Rezeption, in: Hettlage/Lenz (Hg.) (1991), 25-94.

Lofland, John (1971): *Analyzing Social Settings*. Belmont/Ca.

– (1976): *Doing Social Life*. The Qualitative Study of Human Interaction in Natural Settings. New York.

– (1980): Early Goffman: Style, Structure, Substance, Soul, in: Ditton (Hg.) (1980), 24-51.

– (1984): Erving Goffman's sociological legacies, in: *Urban Life* 13, 1, 7-34.

Luhmann, Niklas (1983):. *Vertrauen*. Ein Mechanismus der Reduktion sozialer Komplexität. Stuttgart.

Manning, Philip (1992): *Erving Goffman and Modern Sociology*. London: Polity Press.

Meyrowitz, Joshua (1987): *Die Fernseh-Gesellschaft*. Wirklichkeit und Identität im Medienzeitalter. Weinheim und Basel.

Phillips, John (1983): Goffman's linguistic turn: A comment on ›forms of taik‹, in: *Theory, Culture and Society* 2, 114-116.

Riggins, Stephen Harold (Hg.) (1990): *Beyond Goffman*. Studies on Communication, Institution, and Social Interaction. Berlin und New York.

Schegloff, Emanuel A.(1988): Goffman and the Analysis of conversation, in: Drew/Wootton (Hg.) (1988), 89-135.

Schütz, Alfred (1971): Über die mannigfaltigen Wirklichkeiten, in: Ders., *Gesammelte Aufsätze*, Band 1. Den Haag, 237-298.

– (1984): Die Notizbücher, in: Alfred Schütz/Thomas Luckmann, *Strukturen der Lebenswelt II*. Frankfurt am Main, 215-411.
Sennett, Richard (1986): *Verfall und Ende des öffentlichen Lebens. Die Tyrannei der Intimität*. Frankfurt (Main).
Simmel Georg (1917/ 1970): Das Gebiet der Soziologie, in: *Grundfragen der Soziologie*. Berlin.
Soeffner, Hans-Georg (1989): Handlung- Rahmung – Inszenierung. Zur Problematik des »Rahmen«-Konzeptes bei der Analyse von Interaktionsprozessen, in: ders., *Auslegung des Alltags – der Alltag der Auslegung*. Frankfurt (Main), 140-158.
Srubar, Ilja (1994): *Fear of Flying*, in Vorbereitung.
Swanson, G. (1975): Review of Frame Analysis, in: *Annals of the American Academy of Political and Social Science*, Bd. 420, 218-220.
Williams, Robin (1980): Goffman's Sociology of Talk, in: Ditton (Hg.) (1980), 210-232.
Wilson, Thomas P. (1978): Theorien der Interaktion und Modelle soziologischer Erklärung, in: Arbeitsgruppe Bielefelder Soziologen (Hg.): *Alltagswissen, Interaktion und gesellschaftliche Wirklichkeit*. Reinbek, 54-79.
Winkin, Yves (1983): The french (re-)presentation of Goffman's presentation and other books, in: *Theory, Culture and Society* 2,1, 109-111.
– (1988): *Erving Goffman: Les moments et leurs hommes*. Paris.

2. Die Interaktionsordnung[1]

Ansprache des Präsidenten der American Sociological Association (ASA) im Jahre 1982

Vorbemerkung

An die Ansprache eines Präsidenten werden Anforderungen ganz anderer Art gestellt als etwa an einen Aufsatz in einer wissenschaftlichen Zeitschrift. Die Angewohnheit der *American Sociological Review*, die Rede abzudrucken, die im jeweiligen Jahr vor der *American Sociological Association* gehalten wurde, läßt den Herausgeber ein ums andere Jahr aufatmen. Denn einmal im Jahr kann er den Leitartikel einem bekannten Autor überantworten und ist dabei der Pflicht enthoben, auf die Einhaltung von Standards zu achten, denen eingereichte Beiträge ohnehin nur selten genügen: Originalität, logische Schlüssigkeit, Lesbarkeit, angemessene Länge. Aus rein theoretischen Gründen nämlich geht man davon aus, daß eine Präsidentenansprache, wovon immer sie auch handeln mag, wohl schon *irgendeine* Rolle für die Profession spielen wird, wenn auch manchmal nur eine traurige. Vor allen Dingen aber gibt die veröffentlichte Version den Lesern, die die

1 Übersetzt von Margarethe Kusenbach und Hubert Knoblauch; die bei Goffman fehlenden Literaturangaben wurden von den Übersetzerinnen eingefügt.

Reise zum Kongreß nicht antreten konnten oder wollten, die Möglichkeit, aus zweiter Hand an dem teilzuhaben, was als Höhepunkt der verpaßten Versammlung angesehen werden kann.

Nun, das ist nicht gerade der beste Leumund. Ich trug mich deshalb mit der Absicht, meine Rede nicht zu veröffentlichen, sondern sie dem Kreis vorzubehalten, in dem sie vorgetragen wurde. Leider aber war ich selbst nicht anwesend. Was ich dem Leser also anbieten kann, ist die ersatzweise Teilhabe an einem Ereignis, das selbst gar nicht stattgefunden hat. Eine Vorführung auf einer Bühne, aber auf den Stühlen sitzen nur Leser. Ein zweifelhaftes Angebot!

Eines wäre in jedem Fall zweifelhaft gewesen. Schließlich ist diese Rede wie fast alle Präsidentenansprachen abgefaßt und getippt worden, lange bevor sie gehalten wurde (und bevor ich wußte, daß sie nicht gehalten werden sollte), und der Vortrag wäre vom Manuskript heruntergelesen und nicht in freier Rede gehalten worden. Obwohl also der Text so geschrieben worden wäre, als ob er auf einen besonderen gesellschaftlichen Anlaß reagierte, hätte er tatsächlich nur wenig von dem zum Ausdruck gebracht, was dort geschehen wäre. Und später hätte jede daraus hervorgehende Veröffentlichung ohnehin einen Text zur Vorlage gehabt, der *nach* dem tatsächlichen Vortrag vielfach geändert worden wäre.

Die Interaktionsordnung

Jedem amtierenden Präsidenten der American Sociological Association wird eine Abendstunde zur Verfügung gestellt, um die größte Ansammlung von Kollegen, die die Soziologie zusammenbringen kann, in seinen Bann zu ziehen. Dann wird eine Stunde lang innerhalb dieser ehrwürdigen Mauern ein Feuerwerk der Worte abgehalten. Der Soziologe, der aus einer kurzen Liste ausgewählt wurde, kommt auf einem Steckenpferd seiner Wahl in die weitläufigen Hallen des Hilton-

Hotels geritten. (Das erinnert an einen soziologisch interessanten Aspekt bei Hamlet: daß noch in keinem Jahr eine High-School der englischsprachigen Welt Schwierigkeiten hatte, einen Clown zu finden, der den Hamlet spielt.) Wie auch immer, es hat den Anschein, daß Präsidenten gelehrter Gesellschaften gut genug für etwas bekannt sind, aufgrund dessen man sie erst erwählt. Haben sie ihr Amt einmal angetreten, bemerken sie das dazu gehörige Rednerpult und sehen sich ermutigt und gedrängt zu zeigen, daß sie tatsächlich von dem besessen sind, was alle schon vorher wußten und wofür ihre Wahl der beste Beweis war. Daß sie gewählt wurden, beflügelt sie und hält sie dazu an, das verlangte »Programm« abzuspulen; sie überwinden ihre Hemmungen und führen es brav vor.

Denn die Präsidenten von Vereinigungen sollen den Eindruck bekommen, daß sie irgend etwas repräsentieren und daß es gerade dieses irgend etwas ist, das ihre intellektuelle Gemeinde repräsentiert haben will und das der Repräsentation bedarf. Wenn sie sich auf ihre Ansprachen vorbereiten und sie dann auch halten, beschleicht sie das Gefühl, daß sie vorübergehend die Gralshüter ihres Faches sind. Wie groß oder verwinkelt der Saal auch gebaut sein mag, ihr Selbst wird so weit anschwellen, bis es ihn ganz ausfüllt. Auch die eng gesteckten Zielsetzungen ihres Faches können ihnen keine Grenzen mehr setzen. Welches Thema auch immer das Tagesgespräch beherrschen mag, der Redner wird zeigen, welch gewichtigen Beitrag sein Fach zur Klärung dieses Themas beisteuert. Überdies kann gerade diese Situation die Sprecher dazu verleiten, auf bedenkliche Weise in der Situation aufzugehen. Getragen von der Feierlichkeit des Augenblicks legen sie alle Hemmungen ab und durchsetzen ihre vorbereiteten Reden mit parenthetischen Zugeständnissen, *obiter dicta*, moralischen und politischen Randbemerkungen und anderen Aushängeschildern ihrer Glaubensvorstellungen. Und wieder unterläuft ihnen diese besondere Schamlosigkeit hoher Ämter: Das Schwelgen in der öffentlichen Selbstbeweihräucherung. Der Sinn dieser Inszenierung besteht darin, Fleisch auf die Knochen zu bringen, das Bild, das sich *Leser* von einer Person machen, mit dem lebendigen Eindruck der Person selbst zu konfrontieren, der sich einstellt, wenn die Worte nicht schwarz auf grauem Papier stehen, sondern einer lebendigen Person entströmen. Diese Dramaturgie kann natürlich immer auch das Bild gefährden, das die Zuhörer von ihrer Profession haben.

Beruhigen Sie sich, meine Freunde; denn obwohl sie hier wieder einmal Zeugen dieser Leidenschaft auf dem Rednerpult werden, ist es doch gerade unsere Disziplin, ist es unsere Untersuchungsmethode, der Zeremonien sowohl ureigenster Gegenstand wie auch gesellschaftliche Verpflichtung sind, für die Redenhalten sowohl als Gegenstand ein bedeutungsvolles Verhalten ist wie ein Medium der theoretischen Analyse. Man könnte sogar behaupten, daß das, was uns alle wirklich interessiert (wie wir ja alle wissen), nicht das ist, was *ich* sagen werde, sondern das, was *Sie*, die Sie mir zuhören, hier eigentlich hören.

Aber ich schlage vor, daß Sie und ich rituelle Unternehmungen hier nicht zu laut kritisieren. Es könnte ja ein *goy* [Ungläubiger] unter uns sein, der Respektlosigkeit und Entzauberung im Lande verkündet. Zu viel davon – und selbst die wenigen Arbeitsplätze, die uns Soziologen offenstehen, würden noch gestrichen.

Sie mögen dieser Vorrede unschwer entnehmen, daß mir Präsidentschaftsansprachen unangenehm sind. Gewiß. Doch gibt mir diese Tatsache wiederum nicht das Recht, Ihnen mein Unbehagen lang und breit vorzuführen. Es ist eine gerade unter Rednern verbreitete Unart, das unangenehme Gefühl, die Zeit anderer Leute zu vergeuden, durch Bekenntnisse zu tilgen, die nur wieder selbst mehr Zeit kosten. Deshalb ist mir auch bei meinen Ausführungen über meine Verlegenheit unbehaglich zumute. Doch offensichtlich ist mir bei meinem Unbehagen an den Ausführungen über meine Verlegenheit selbst nicht unbehaglich. Auch wenn es Ihnen so ergehen mag.

I.

Abgesehen davon, daß ich die Torheiten, die eben umrissen wurden, leibhaftig vorführen werde, ist das, was ich heute abend in Form langweiliger Salbaderei zu sagen habe, schon sehr viel deutlicher in den Einleitungen zu meinen Büchern nachzulesen. Mein Vortrag unterscheidet sich von anderen einschläfernden Predigten lediglich dadurch, daß er keine ausgeprägten autobiographischen Züge trägt, daß er keine tiefschürfende Kritik der vorherrschenden Methoden enthält, daß er sich nicht betroffen gibt vom Elend benachteiligter Gruppen, ja nicht einmal von der Not derer, die in unserer eigenen Profession eine Anstellung suchen.

Ich habe kein Allheilmittel gegen die Krankheiten der Soziologie. Viele Formen der Kurzsichtigkeit behindern den Blick auf unseren Gegenstand. Nur eine Quelle dieser Blindheit und Voreingenommenheit als die wichtigste zu bezeichnen, wäre auf übertriebene Weise optimistisch. Was immer unser Gegenstand und wie immer unsere methodische Ausrichtung sein mag, alles, was wir tun können, ist, wie ich meine, an einen Geist zu glauben, wie er in den Naturwissenschaften vorherrscht: im Kreis zu gehen und uns dabei ernsthaft vorzumachen, daß wir vorwärtskommen. Uns wird nicht so viel Glauben geschenkt und nicht so viel Gewicht beigemessen wie den Ökonomen in jüngster Zeit, aber wir können es fast mit ihnen aufnehmen, wenn es um das Versagen präzise berechneter Prognosen geht. Zweifellos sind unsere systematischen Theorien Stück für Stück mindestens so banal wie ihre, und uns gelingt es fast so gut wie ihnen, viele wichtige Variablen zu übersehen. Wir sind auch nicht so geistreich wie die Anthropologen, doch wenigstens ist unser Gegenstand nicht von der Verbreitung der Weltwirtschaft ausradiert worden. So ist uns die Möglichkeit unbenommen, die bedeutsamen Tatsachen mit unseren ureigenen Augen zu übersehen. Wir ziehen keine Studenten an, die so begabt sind wie die der Psychologie, und die scheinen bestenfalls eine professionellere und gründlichere Ausbildung als die zu bekommen, die wir anbieten. Auf diese Weise haben wir es noch nicht geschafft, bei unseren Studenten ein so hohes Niveau geschulter Inkompetenz zu erzeugen, das die Psychologie bei ihren erreicht hat – obwohl wir, weiß Gott, daran arbeiten.

II.

Soziale Interaktion im engeren Sinne geschieht einzig in sozialen Situationen, d.h. in Umwelten, in denen zwei oder mehr Individuen körperlich anwesend sind, und zwar so, daß sie aufeinander reagieren können. (Vermutlich stellen Telephonieren und Briefeschreiben eingeschränkte Varianten dieses ursprünglichen Phänomens dar.) Wenn man die gegenseitige körperliche Präsenz zum Ausgangspunkt nimmt, schaltet man – paradoxerweise – die unmittelbare Relevanz zentraler soziologischer Unterscheidungen vorläufig aus: nämlich die gängigen Gegensätze zwischen Dorf- und Stadtleben, zwischen Privatheit und Öffentlichkeit, zwischen intimen, dauerhaften Beziehungen und flüchtigen, unpersönlichen Beziehungen. Schließlich können Verkehrsregeln von Fußgängern genausogut in überfüllten Küchen wie auf belebten Straßen, das Recht, die Rede eines anderen zu unterbrechen, genauso gut beim Frühstück wie in Gerichtssälen, Zärtlichkeitsbezeugungen in Supermärkten genausogut wie in Schlafzimmern untersucht werden. Ob sich hier mit Bezug auf die traditionellen Kategorien Unterschiede ergeben und worin diese bestehen, bleibt eine offene Frage.

Es war in all den Jahren mein Anliegen, Anerkennung dafür zu finden, daß diese Sphäre der unmittelbaren Interaktion der analytischen Untersuchung wert ist – eine Sphäre, die man, auf der Suche nach einem treffenden Namen, *Interaktionsordnung* nennen könnte –, eine Sphäre, die am besten mit den Mitteln der Mikroanalyse untersucht werden sollte. Meine Kollegen waren vom Nutzen dieser Sache keineswegs sehr überzeugt.

In meinen heutigen Ausführungen möchte ich die Gründe zusammenfassen, die dafür sprechen, die Interaktionsordnung als einen Gegenstand in eigenem Recht zu betrachten. Im allgemeinen muß die Abspaltung eines solchen Ausschnitts aus dem größeren gesellschaftlichen Leben ebenso begründet werden wie jede andere analytische Unterscheidung: Es muß gezeigt werden, daß die darin enthaltenen Elemente miteinander in einer engeren Verbindung stehen als mit Elementen außerhalb dieser Ordnung; daß die Erforschung der Beziehungen zwischen unterschiedlichen Sphären eine davon zu unterscheidende Aufgabe darstellt, daß eine solche Untersuchung die vorgängige Abgrenzung der verschiedenen sozialen Bereiche voraussetzt und daß die Ausgrenzung der Interaktionsordnung Mittel und Gründe bereitstellt, verschiedene Gesellschaften vergleichend und die eigene in einer historischen Perspektive zu untersuchen.

Es liegt in unserer menschlichen Verfassung begründet, daß die meisten von uns ihren Alltag in unmittelbarer Gegenwart von anderen verbringen. Mit anderen Worten: Worum es sich auch immer drehen mag, unser Handeln ist in einem wörtlichen Sinne *sozial situiert.* Diese Situiertheit nimmt ein derartiges Ausmaß an, daß Handlungen, die in völliger Einsamkeit vollzogen werden, schon oftmals allein durch dieses Merkmal ausreichend charakterisiert sind. Die Tatsache der sozialen Situiertheit hat sehr wahrscheinlich immer *irgendwelche*, wenn auch manchmal offensichtlich nur sehr geringfügige Folgen. Diese Folgen wurden in altbewährter Manier als »Wirkungen« behandelt, d.h. als Indikatoren, Ausdrücke oder Anzeichen für soziale Strukturen, wie etwa soziale Beziehungen, informelle Gruppen, Altersgruppen, Geschlecht, ethnische Minderheiten, soziale Klassen u.ä., ohne daß man sich sehr dazu bemüßigt fühlte, diese »Wirkungen« als Daten in eigenem Recht zu untersuchen. Der Trick freilich besteht darin, diese Wirkungen, seien sie nun groß oder klein, begrifflich anders zu fassen, damit ihre Gemeinsamkeiten isoliert und analysiert werden können und damit die Formen des sozialen Lebens, aus denen sich sich ableiten, herausgeschält und soziologisch greifbar gemacht werden können. Dadurch kann das zutage gefördert werden, was diesen interaktiven Vorgängen innewohnt. Auf diese Weise kommt man vom einfach Situierten zum Situativen, d.h. von dem, was zufällig in einer sozialen Situation verortet ist (und was ohne größere Schwierigkeiten außerhalb angesiedelt werden könnte), zu dem, was nur in Face-to-Face-Konstellationen auftreten kann.

Was kann über die Vorgänge und Muster gesagt werden, die die Interaktionsordnung auszeichnen? Ich möchte hier einige kleine Einblicke in dieses Reich geben.

Wie immer man unmittelbare[2] Interaktionen[3] beschreiben mag, man wird sehr wahrscheinlich räumliche und sicher auch zeitliche Begriffe verwenden müssen. Im Unterschied zu sozialen Rollen in ihrer herkömmlichen Bedeutung läßt sich recht wenig über verborgene oder ruhende Phasen der Interaktion sagen; die Vertagung einer Phase sozialen Handelns, die schon initiiert wurde, wirkt sehr massiv auf diese zurück und kann auch nicht sehr viel länger hinausgezögert werden, ohne grundsätzlich den Charakter dessen zu verändern, was interaktiv schon geschehen ist. Denn im Mittelpunkt der ganzen Sphäre der Interaktion steht die wechselseitige Verstricktheit der Teilnehmer und ihre gemeinsame Beteiligung (und sei es auch nur in Form von Aufmerksamkeit) am Geschehen; die dabei wichtigen kognitiven Zustände können nicht über längere Ruhephasen hinweg aufrechterhalten werden oder gar erzwungene Auszeiten und Unterbrechungen lange überdauern. Gefühle, Stimmungen, Wissen, Körperstellungen und Muskelbewegungen sind im sozialen Handeln innig miteinander verknüpft und verleihen ihm unvermeidbar einen psychobiologischen Charakter. Behagen und Unbehagen, Unbefangenheit und Wachsamkeit stehen im Mittelpunkt. Man beachte auch, daß die Interaktionsordnung die Menschen in Sphären ihres Daseins beschreibt, die bemerkenswerte Ähnlichkeiten mit dem sozialen Leben anderer Gattungen aufweisen. Es wäre ebenso unklug, die Ähnlichkeiten zwischen menschlichen und tierischen Begrü-

2 Der Begriff »Face-to-face«, der sich durch das umständliche »Von Angesicht zu Angesicht« oder »Vis-à-vis« wiedergeben ließe, wird hier – in Anlehnung an die Terminologie von Alfred Schütz – mit »unmittelbar« wiedergegeben (A. d. Ü.).

3 Aus stilistischen Gründen wird der Begriff des sozialen Handelns mit dem der Interaktion gleichgesetzt, um Konstruktionen wie »interactional activity« begrifflich fassen zu können (A. d. Ü.).

ßungen herunterzuspielen wie etwa die Ursachen für Krieg in genetischen Veranlagungen zu suchen.

Mit guten Gründen kann man behaupten, daß die Notwendigkeit zur unmittelbaren Interaktion (neben ihrer offensichtlichen Unverzichtbarkeit bei der Kindererziehung) ihre Wurzeln in bestimmten universalen Voraussetzungen des gesellschaftlichen Lebens hat. So gibt es zum Beispiel eine ganze Reihe unromantischer und keineswegs nur erbgutbedingter Gründe dafür, daß Individuen es allerorten als zweckdienlich erachten, ihre Zeit in der Gegenwart anderer – seien sie nun Fremde oder Vertraute – zu verbringen. Zum einen wären bestimmte unbewegliche gegenständliche Gerätschaften – besonders solche Gerätschaften, die außerhalb des Familienkreises benötigt werden – kaum wirtschaftlich, stünden sie nicht einer größeren Anzahl von Personen zur Verfügung, die sich zum Zwecke ihrer Benutzung zu festgelegten Zeiten an bestimmten Orten treffen – unabhängig davon, ob sie die Gerätschaften gemeinsam, nacheinander oder abwechselnd benutzen. Auch auf dem Hin- und Rückweg werden sie es vorteilhaft finden, eingefahrene Pfade zu benutzen – eine Gewohnheit, die um so leichter fällt, je mehr sie einander über den Weg trauen können.

Sobald ein Individuum – aus welchen Gründen auch immer – in die unmittelbare Gegenwart eines anderen gerät, tritt eine Grundbedingung des gesellschaftlichen Lebens außerordentlich deutlich hervor: seine folgenschwere Offensichtlichkeit. Diese Offensichtlichkeit erschöpft sich nicht nur darin, daß unser Auftreten und unsere Verhaltensweisen Hinweise auf unseren Status und unsere Beziehungen geben. Vielmehr können die anderen schon unserer Blickrichtung, unserem »Engagement« und der Art unserer ersten Handlungen entnehmen, welche Absichten und Zwecke wir im Moment verfolgen – und dies alles völlig unabhängig davon, ob wir uns mit ihnen abgeben oder nicht. Dementsprechend versuchen wir fortwährend, ihnen diese Enthüllungen zu erleichtern, sie zu verhindern oder gar unsere Zuschauer auf eine falsche Fährte zu locken. Die Lesbarkeit dieser Beobachtungen wird durch einen wichtigen und entscheidenden Vorgang gleichzeitig erleichtert und erschwert, der erst noch systematisch untersucht werden muß: die soziale Ritualisierung, d.h. die Standardisierung des körperlichen und sprachlichen Verhaltens, die im Prozeß der Sozialisation erworben wird und die diesen Verhaltensweisen – oder, wenn Sie wollen, diesen Gesten – eine besondere kommunikative Funktion im Strom unseres Verhaltens zuweist.

Befindet sich ein Individuum erst einmal in der Gegenwart eines anderen, zeigen beide eine bewundernswerte Fähigkeit, ihre Aufmerksamkeit auf ein und dieselbe Sache zu richten, gleichzeitig wahrzunehmen, was sie gerade tun und außerdem zu registrieren, daß sie es wahrnehmen. In Verbindung mit ihrer Fähigkeit, sich die Abläufe der eigenen Handlungen gegenseitig anzuzeigen und die Reaktionen auf solche Anzeigen anderer blitzartig zu übermitteln, ist damit eine wesentliche Vorbedingung für etwas sehr Wichtiges geschaffen: die anhaltende, eng synchronisierte Koordinierung von Handlungen, sei es als ein Mittel zur Bewältigung eines gemeinsamen Problems oder sei es als ein Mittel zur Koordinierung nacheinander zu verrichtender, aber einander ähnelnder Aufgaben. Die Sprache erhöht die Wirksamkeit dieser Koordination außerordentlich, vor allen Dingen dann, wenn etwas nicht wie erforderlich oder erwartet verläuft. (Die Sprache erfüllt natürlich noch eine andere Funktion; sie ermöglicht es, Dinge, die außerhalb der Situation liegen, in den aktuellen Handlungsverlauf miteinzubeziehen, und sie ermöglicht es, Pläne über Vorgänge zu verhandeln, die jenseits der gegenwärtigen Situation liegen – aber das ist ein ganz anderes, bedenklich schwieriges Feld.)

Zu etwas anderem: Kraft der Fähigkeit, ein anderes Individuum unmittelbar beobachten und hören zu können, nimmt das eine Individuum eine Charakterisierung vor, die auf zwei grundlegenden Formen der Identifikation beruht: die *kategoriale*, durch die das andere Individuum einer oder mehreren sozialen Kategorien zugeordnet wird, und die *individuelle*, die das beobachtete Individuum mit einer einmaligen Identität ausstattet, und zwar auf der Grundlage der äußeren Erscheinung, des Klangs der Stimme, der Nennung von Namen oder anderer Hilfsmittel, die zur Unterscheidung zwischen Personen dienen. Diese zwei Möglichkeiten – die kategoriale und die individuelle Identifikation – sind von zentraler Bedeutung für das interaktive Leben in allen Gemeinschaften (mit Ausnahme einiger untergegangener, kleiner und isolierter Gemeinschaften), und sie spielen auch im sozialen Leben einiger anderer, nichtmenschlicher Gattungen eine wichtige Rolle. (Ich werde später darauf zurückkommen.)

Schließlich muß noch erwähnt werden, daß Individuen, sobald sie sich erst einmal in der Gegenwart von anderen befinden, unvermeidbar mit unvorhersehbaren persönlichen Gebietsansprüchen konfrontiert werden. Soziale Situationen sind ja dadurch definiert, daß wir an ihnen nur dann teilnehmen können, wenn wir unseren Körper und seine dazugehörige Ausstattung einbringen. Das macht uns verwundbar, da wir durch unsere Körperlichkeit prinzipiell Angriffen anderer durch die Gerätschaften ausgesetzt sein können, die sie kraft ihrer Körper in die Situation einbringen. Handgreiflichkeiten, sexuellen Belästigungen, Entführungen, Raub und Behinderungen der Bewegungsfreiheit können wir zum einen dann ausgesetzt sein, wenn uns wider alle Vereinbarung Gewalt angetan wird. In diesem Fall findet ein uns »aufgezwungener Austausch« statt, wie etwa bei einem stillschweigenden Kuhhandel, bei dem wir uns den Aggressoren gegen das Versprechen fügen, nicht mehr verletzt zu werden, als die Umstände es nötig machen. Zum anderen sind wir in der Gegenwart anderer durch ihre Worte und Gesten ähnlichen Angriffen auf unser seelisches Leben ausgesetzt, und es kann auch zu Überschreitungen der expressiven Ordnung kommen, deren Einhaltung wir während unserer Anwesenheit erwarten. (Wenn wir sagen, daß wir auf diese Weise Angriffen ausgesetzt sind, bedeutet das natürlich auch, daß wir über dieselben Mittel verfügen, um selbst gegen andere Körper handgreiflich zu werden. Damit soll keineswegs bestritten werden, daß sich Drohende und Bedrohte durch gesellschaftliche Konventionen unterscheiden, wie dies besonders entlang der Geschlechtergrenzen der Fall ist.)

Die territorialen Ansprüche von Personen dürfen nicht bloß als Einschränkungen, Verbote und Drohungen aufgefaßt werden. In allen Gesellschaften weisen sie zwei Seiten auf, so daß viele Verhaltensweisen, die uns im Umgang mit den einen als feindselig anmuten, solchen verblüffend ähnlich sind, die wir im Umgang mit anderen zu den Vetrauensbeweisen zählen. Deshalb kann überall das, was uns als Anmaßung erscheinen mag, wenn es uns vorenthalten wird, als eine Höflichkeit oder ein Zeichen der Zuneigung aufgefaßt werden, wenn wir es anbieten; unsere rituellen Verletzungen können auch rituelle Ressourcen für uns sein. Das Territorium des Selbst zu verletzen, heißt deshalb auch, die Sprache der Gunstbezeugungen zu untergraben.

Der körperlichen Kopräsenz wohnen demnach sowohl Chancen wie auch Gefahren inne. Wo unvorhergesehene Gefahren eintreten, wird ihnen wahrscheinlich überall dadurch begegnet, daß soziale Vorkehrungen getroffen werden; und da überall dieselben grundlegenden Unvorhersehbarkeiten bewältigt werden müssen, können wir davon ausgehen, daß die Interaktionsordnungen unterschiedlicher Gesellschaften auch einige deutliche Ähnlichkeiten aufweisen. Ich möchte Sie wieder daran erinnern, daß diese Möglichkeiten und Gefahren ja in sozialen Situationen vorkommen und auch dort ihre ersten Folgen zeitigen. Und es sind auch soziale Situationen, die die natürliche Bühne abgeben, auf der körperliche Darstellungen inszeniert und auf der sie auch alle entziffert werden. Das sind die Gründe dafür, daß wir die sozialen Situationen als grundlegende Einheit bei der Untersuchung des Reichs der Interaktion betrachten. Und das sind, nebenbei bemerkt, auch die Gründe für die Behauptung, daß unsere Erfahrung der Welt im wesentlichen den Charakter einer Konfrontation aufweist.

Doch unterstütze ich keineswegs einen reißerischen Situationalismus. Roger Barker hat uns mit seinem Begriff »Behavioral Setting« [Handlungsfeld] daran erinnert, daß die Regelungen und Erwartungen, die in bestimmten sozialen Situationen gelten, kaum erst in deren Verlauf geschaffen werden.[4] Seine

4 Roger G. Barker: *Ecological Psychology. Concepts and Methods for Studying the Environment of Human Behavior*. Stanford 1968.

Formulierung des »stehenden Verhaltensmusters« [»standing behavior pattern«] verweist auf die, im übrigen leicht einsichtige Tatsache, daß recht gleichartige Erwartungen an eine ganze Reihe verschiedenster Situationen wie auch an bestimmte Phasen ruhender Handlungen herangetragen werden. Ein besonderes »Handlungsfeld« kann sich im Extremfall zwar bloß auf eine soziale Situation beschränken, die von zwei oder mehr Teilnehmern in ihrer näheren Umgebung hergestellt wird – etwa in einer Kneipe, in einem kleinen Laden oder in einer häuslichen Küche. Doch sind sie häufiger Teil größerer Arrangements. Fabriken, Flughäfen, Krankenhäuser und öffentliche Hauptverkehrsstraßen sind Handlungsfelder, in denen eine Ordnung der Interaktion aufrechterhalten wird, die sich in Raum und Zeit weit über jede einzelne in ihr vorkommende soziale Situation hinaus erstrecken. Man sollte auch darauf hinweisen, daß es sich bei Handlungsfeldern und sozialen Situationen zwar um Einheiten handelt, die ausgesprochen nicht subjektbezogen sind; aber manche Elemente der Interaktion dagegen können entschieden subjektbezogen ausfallen. Ohne Zweifel trifft das beispielsweise auf die noch unzureichend erforschte Einheit des Tagesablaufs zu.

Andere Gründe mahnen indessen zur Vorsicht. Es ist klar, daß Teilnehmer eine schon bestehende Interaktionsgeschichte in die Situation einbringen, die den früheren Umgang mit anderen Teilnehmern – oder wenigstens mit Teilnehmern derselben Art – umfaßt; sie bringen ebenso einen breiten Satz kultureller Selbstverständlichkeiten mit, deren Geteiltheit sie unterstellen. Es gelänge uns nie, Fremde in unserer Gegenwart gleichgültig zu behandeln, deren Erscheinung und Gebaren eine gutwillige Absicht verraten, eine Form des Handelns, die eindeutig bestimmbar als unbedrohlich verstanden wird; ein solches Verständnis ist nur auf der Grundlage vorhergehender Erfahrungen und kultureller Überlieferungen möglich. Wir können keinen verständlichen Satz äußern, ohne unseren Wortschatz und Tonfall dem anzupassen, was wir aus der kategorialen oder individuellen Identität der mutmaßlichen Zuhörer über ihr Vorwissen schließen, und zwar unbesorgt darüber, daß es sich dabei nur um Vermutungen handelt. Im Kern des interaktiven Lebens steht unsere kognitive Bezugnahme auf jene, die wir vor uns haben: Ohne diese Beziehung könnten unsere Aktivitäten, seien sie nonverbal oder sprachlich, nicht sinnvoll organisiert werden. Diese kognitive Bezugnahme mag sich zwar im Laufe einer Begegnung verändern – und üblicherweise tut sie das auch –, dennoch ist die Beziehung selbst transsituativ; sie besteht aus dem Wissen, das zwei Menschen darüber haben, was sie jeweils über die Welt wissen, und aus dem Wissen darüber, ob der je andere auch über dieses Wissen verfügt oder nicht.

III.

Bislang habe ich von Interaktionsordnung gesprochen, ohne den Begriff der »Ordnung« auszuführen. Es dürfte nun an der Zeit sein, ihn näher zu bestimmen. Ich meine damit zunächst eine Handlungssphäre, einen besonderen Typ des Handelns, wie er etwa im Begriff der »Wirtschaftsordnung« impliziert ist. Damit ist nicht etwa gemeint, daß diese Handlungen für gewöhnlich »geordnet« wären oder daß Normen und Regeln eine besondere Rolle zur Aufrechterhaltung dieser Ordnung spielten. Dennoch habe ich den Eindruck, daß die Interaktionsordnung – im Sinne einer Sphäre des Handelns – in weit größerem Ausmaß als andere Bereiche geordnet ist und daß diese Geordnetheit auf einer breiten Schicht gemeinsamer kognitiver, wenn nicht sogar normativer Annahmen und Beschränkungen beruht, die der Stabilisierung der Ordnung dienen. Wie sich solche gemeinsamen Annahmen historisch ausbilden, wie sie sich in Zeit und Raum ausbreiten und wieder verschwinden und wie diese Annahmen von den Individuen zu bestimmten Zeiten und an bestimmten Orten erworben werden, sind zwar gute Fragen, von denen ich aber hier keine beantworten möchte.

Die Funktionsweise der Interaktionsordnung kann einfach als die Folge eines Systems von regelnden Konventionen angesehen werden, ähnlich etwa den Grundregeln eines Spiels, den

Verkehrsregeln oder den syntaktischen Regeln einer Sprache. Aus dieser Perspektive könnte man nun zwei Erklärungen der Ordnung anbieten. Zum einen die Lehrmeinung, daß eine bestimmte Reihe von Konventionen darauf hinwirkt, daß alle Teilnehmer versuchen, sich mit einem kleinen Einsatz viele Vorteile zu verschaffen. Dabei wird unterstellt, daß es dabei um jede beliebige Konvention gehen könnte und daß die Konventionen für sich genommen keinen eigenständigen Wert besitzen; sie müssen lediglich die Koordination erleichtern und alle Teilnehmer dazu bringen, sie zu billigen. (Auf diese Weise definiert man ja überhaupt erst »Konventionen«.) Folgt man der zweiten möglichen Erklärung, dann sind geordnete Interaktionen die Folge eines normativen Konsensus. Hier handelt es sich um die traditionelle soziologische Auffassung, daß Individuen, ohne zu überlegen, solchen Regeln selbstverständlich folgen, die ihnen als gerecht erscheinen. Nebenbei bemerkt setzen beide Erklärungsmöglichkeiten voraus, daß diese Verpflichtung auf Konventionen sowohl für die anderen Handelnden wie für einen selbst gelten, daß die jeweils anderen solche Beschränkungen ihres Verhaltens in gleicher Weise wahrnehmen und daß alle die Unterordnung unter diese Regeln anerkennen.

Beide Erklärungen – Gesellschaftsvertrag und gesellschaftlicher Konsensus – werfen naheliegende Fragen und Zweifel auf. Motive dafür zu haben, einen Satz von Regeln zu befolgen, besagt noch nichts darüber, ob auch diesen Regeln entsprechend gehandelt wird. Die faktische Kooperation bei der Aufrechterhaltung von Erwartungen bedarf weder eines Glaubens an die Rechtmäßigkeit des Festhaltens an einem vereinbarten Vertrag (was auch immer geschehen mag) im allgemeinen, *noch* bedarf sie eines Glaubens an die höchsten Werte, die mit den entsprechenden Normen verbunden sind. Individuen arrangieren sich aus den verschiedensten Gründen mit Interaktionsregeln, und man kann aus ihrer scheinbar stillschweigenden Befolgung solcher Regelungen nicht schließen, daß sie z.B. deren Veränderung zustimmen oder sich ihnen widersetzen würden. Hinter Gemeinschaft und Konsensus verbirgt sich oft ein verwickeltes Zusammenspiel der Motive.

Es sollte auch festgehalten werden, daß selbst die Individuen, die die Normen der Interaktionsordnung systematisch verletzen, die weitgehend von ihnen abhängig sind, selbst dann, wenn sie aktiv mit Regelübertritten beschäftigt sind. Schließlich werden alle Verletzungen dadurch gemildert, daß der Regelverletzer in einen Austausch irgendeiner Art eintritt, wie unerwünscht dieser dem Opfer auch immer sein mag, und natürlich geht der Regelverletzer stillschweigend davon aus, daß die Regeln der Rede und die Konventionen, mit denen Drohungen gestisch angezeigt werden, auch während seines Übertritts Gültigkeit besitzen. Dies gilt auch für den Fall von nicht ausgehandelter Gewalt. Auch Mörder sind auf den gewöhnlichen sozialen Verkehrsfluß und konventionelle Annahmen über gewohnte äußere Erscheinungsweisen angewiesen, ja sie profitieren von diesen Konventionen, wenn sie nach dem Angriff auf ihre Opfer vom Schauplatz des Verbrechens unbemerkt entkommen wollen. Gänge, Aufzüge und Alleen mögen gefährliche Orte sein, weil sie sich den Blicken entziehen und, mit Ausnahme von Täter und Opfer, keine Menschenseele anwesend sein kann; doch hinter der Gelegenheit, die solche Schauplätze dem Schurken eröffnen, steht sein Vertrauen in die Selbstverständlichkeit gewohnter Erscheinungen, die es ihm erst ermöglichen, diese Räume so zu betreten und zu verlassen, als wäre er jemand, der das Recht auf freien Zutritt nicht mißbraucht. All das sollte uns daran erinnern, daß Interaktionsanordnungen in fast allen Fällen wenigstens für kurze Zeit systematischen Angriffen widerstehen können; aber es zeigt auch, daß es oft gerade darum nicht in dem (wie immer auch gearteten) Interesse der einzelnen liegen muß, die Etikette persönlich zu wahren, obwohl ihnen sehr daran gelegen sein muß, anderen ihre Zustimmung zur Aufrechterhaltung der Ordnung zu bekunden und sie auch sonst von ihrer vermeintlichen Einwilligung zu überzeugen.

Die Betrachtung der Interaktionsordnung liefert noch tiefliegendere Gründe dafür, die verschiedenen Dogmen infrage zu stellen. Es mag bequem sein, zu glauben, daß Individuen (und soziale Kategorien) immer beträchtlich mehr Gewinn herausschlagen, wenn sie den Konventionen der Interaktionsordnung folgen, als sie in die Befolgung der enstprechenden Verpflichtungen investieren. Aber das ist durchaus fraglich. Was aus dem Blickwinkel der einen als wünschenswerte Ordnung erscheinen mag, kann von anderen als Ausschließung und Unterdrückung wahrgenommen werden. Die Neutralität des Begriffes »Ordnung« ist zwar nicht in Frage gestellt, wenn man erfährt, daß bei Stammesversammlungen (councils) in Westafrika Sprechen (neben anderem) die Anerkennung der Rangordnung widerspiegelt. Auch nicht dadurch, daß (wie Burrage und Corry unlängst gezeigt haben) Vertreter der Händler und Handwerker im London der Tudor- und Jakobinischen Zeit in geordneten feierlichen Zeremonien durch ihre Positionen als Marschierende wie als Zuschauer eine traditionelle hierarchische Ordnung eingehalten haben.[5] Doch stellen sich Fragen nach der Neutralität der »Ordnung« dann, wenn wir die Tatsache berücksichtigen, daß es – in unserer Gesellschaft sehr breite – Kategorien von Personen gibt, deren Mitglieder einen beträchtlichen Preis für ihre bloße Präsenz in der Interaktionsordnung bezahlen.

Dennoch halten auch die am stärksten benachteiligten Gruppen, wenigstens über kurze Strecken, ihre Bereitschaft zur Kooperation aufrecht – ein Umstand, der dadurch an Sichtbarkeit verliert, daß ihre Mitglieder manchen Normen gegenüber offenkundigen Widerwillen zur Schau tragen, während sie die restlichen doch befolgen. Vielleicht steht hinter der Bereitschaft, die gegebenen Verhältnisse zu akzeptieren, die nackte Tatsache, daß ein Individuum eben in einer bestimmten gesellschaftlichen Ordnung stehen muß und die realen oder eingebildeten Kosten befürchtet, die eine Aussonderung als Abweichler nach sich ziehen würde. Wie auch immer, es gibt keinen Zweifel daran, daß es zu allen Zeiten und an allen Orten Kategorien von Personen gab, die eine entmutigende Fähigkeit an

5 Michael C. Burrage und David Corry, ›At sixes and sevens‹-occupational status in the City of London from the Fourteenth to the Seventeenth Century, in: *American Sociological Review* 46,4 (1981), 375-393 (A. d. Ü.).

den Tag gelegt haben, miserable interaktionale Bedingungen widerstandslos zu akzeptieren.

Zusammenfassend läßt sich also sagen: Obwohl man mit gutem Recht auf die ungleiche Verteilung der Rechte in Interaktionen (wie etwa im Falle des nicht gleichberechtigten Zutritts zu lokalen Gemeinschaften in einer Stadt) und auf die ungleiche Verteilung der Gefahren (etwa mit Bezug auf Altersunterschiede und die Geschlechterdifferenz) hinweisen kann, steht im Mittelpunkt des Interesses aller, die praktischen Verkehrsformen und die Anordnungen aufrechtzuerhalten, die die Verwirklichung sehr verschiedener Pläne und Absichten durch die selbstverständliche Bezugnahme auf Verlaufstypen ermöglichen. Und wenn man die Konventionen und Normen als gegeben akzeptiert (und die eigenen Handlungen daran ausrichtet), dann stellt man *faktisch* das Vertrauen in diese Ordnung über sich selbst. Würde man das nicht tun, könnte man schwerlich die anstehenden Aufgaben bewältigen, denn man hätte einfach kaum anstehende Aufgaben.

Die Doktrin, daß Basisregeln die Interaktionsordnung leiten und praktische Umgangsformen ermöglichen, wirft die Frage nach den Regulierungen auf, und das Thema der Regulierungen führt uns wiederum in politische Überlegungen.

Der moderne Nationalstaat beansprucht – beinahe als eine Legitimationsstütze – die letzte Autorität über die Kontrolle von Gefährdungen, Risiken und Bedrohungen des Lebens, des Körpers und des Besitzes auf seinem ganzen Hoheitsgebiet. Wenn örtliche Mechanismen der sozialen Kontrolle den Zusammenbruch der Interaktionsordnung nicht in gewissen Grenzen halten können, schreitet der Staat – theoretisch in jedem Fall, praktisch in vielen Fällen – ein, indem er ad-hoc-Regelungen bereitstellt; so vor allem auf öffentlichen Schauplätzen, aber nicht nur hier. Sicherlich sind aber selbst jene Interaktionsordnungen, die an den öffentlichen Plätzen herrschen, keineswegs eine Erfindung des Staatsapparates. Ohne Zweifel entwickelt sich der größte Teil dieser Ordnung sozusagen von unten, in manchen Fällen eher trotz der übergeordneten Autorität als wegen ihr. Dennoch hat der Staat hier seine Legitimität und Priorität wirksam durchgesetzt, wobei er den Gebrauch schwerer Waffen und militärisch disziplinierter Verbände als letzte Sanktionsmöglichkeit monopolisiert hat.

Infolgedessen können einige der Standardformen des interaktiven Lebens – Ansprachen, Konferenzen, Prozessionen, ganz zu schweigen von raffinierteren Formen wie etwa Streikposten oder Sitzstreiks – von Staatsbeamten als Affront gegen die Sicherheit des Staates verstanden und aus diesen Gründen mit Gewalt aufgelöst werden, obwohl faktisch keine merkliche Bedrohung der öffentlichen Ordnung vorliegt. Andererseits kann es sein, daß Verletzungen der öffentlichen Ordnung nicht aus bloßem Egoismus erfolgen, sondern gezielte Herausforderungen der staatlichen Autorität darstellen – symbolische Handlungen, die als Verspottung aufgefaßt werden können und in Antizipation dieser Auffassung durchgeführt werden.

IV.

Ich habe bisher solche Begriffe verwendet, die für Face-to-face-Interaktionen an jedem Ort zutreffen sollen. Dafür bezahle ich den üblichen Preis: Die bisherigen Äußerungen waren vage, phrasenhaft und metatheoretisch, um einen Ausdruck zu gebrauchen, der so fragwürdig ist wie das, was er benennen will. Weniger windig wäre die zwar ebenso allgemeine, aber wenigstens naturalistisch begründete Anstrengung, die wesentlichen Grundeinheiten, die immer wiederkehrenden Strukturen und die ihnen zugehörigen Vorgänge auszumachen. Welche Art von Viechern finden wir im interaktiven Zoo? Welche Pflanzen gedeihen in diesem besonderen Garten? Lassen Sie mich einige der m.E. grundlegenden Muster aufzählen.

1. Man kann von Personen als grundlegenden Trägerinstanzen ausgehen, d.h. sie als bewegliche Einheiten menschlicher Art begreifen. So finden wir an öffentlichen Plätzen »Singles« (Parteien Einzelner) und »Zusammengehörige«, d.h. Parteien,

die aus mehr als einer Person bestehen, wobei solche Parteien im Fluß des alltäglichen Lebens wie eine Person behandelt werden. Um einige andere bewegliche Einheiten anzuführen, können z.B. Reihen und Prozessionen und, als Grenzfall, die Menschenschlange erwähnt werden, die nebenbei eine statische Einheit darstellt.

2. Daneben ist es, wenn auch nur zum Zwecke des einheitlichen Begriffsgebrauchs, nützlich, den Terminus »*Begegnung*« als heuristische Kategorie genauer festzumachen. »Begegnung« nenne ich jedes Ereignis, bei dem ein Individuum in die Wirkzone eines anderen gelangt, sei es durch körperliche Anwesenheit, telephonische Verbindung oder durch Briefkontakt. Ich zähle zur selben Begegnung auch jeden Blickkontakt und jeden Wortwechsel, der während dieser Gelegenheit vorkommt. So fallen ein flüchtiger Blick auf der Straße, eine Unterhaltung, ein Austausch von zunehmend oberflächlichen Begrüßungen im Laufe eines Rundgangs bei einer geselligen Zusammenkunft, der Blick eines Zuhörers auf einen Vortragenden allesamt unter die Kategorie der Begegnung.

3. Sodann gibt es die große Bandbreite von Anordnungen, bei denen Personen, die als zugelassene Teilnehmer zu einer bewußt gemeinsamen, ausdrücklich wechselseitigen Unternehmung zusammenkommen, einen physisch kleinen Kreis bilden. Die zeitlichen Grenzen des Ereignisses werden dabei durch unterschiedliche Rituale angezeigt; oder wenigstens neigen Beginn und Ende dazu, gewisse Ritualisierungen heraufzubeschwören. In manchen Fällen ist lediglich eine Handvoll Akteure beteiligt, und Gespräche, die, wie man sagen könnte, ein selbstgestecktes Ziel verfolgen, beherrschen die Szenerie; dabei wird der Eindruck erzeugt, daß prinzipiell alle dasselbe Recht zur Beteiligung genießen. Solche konversationellen Zusammenkünfte lassen sich von Zusammenkünften unterscheiden, bei denen ein Vorsitzender das Rederecht erteilt und die Themen vergibt, wie etwa bei Vernehmungen, Gerichtsprozessen und anderen rechtlichen Verfahren. All diese um das Reden kreisen-

den Aktivititäten müssen jenen Begegnungen gegenübergestellt werden, in denen die zentralen Handlungen keinen sprachlichen Ausdruck verlangen und bei denen Worte, falls überhaupt, nur eine flüchtige Nebenerscheinung oder als vorübergehendes Mittel zur Handlungskoordination auftreten. Beispiele für solche Zusammenkünfte sind Kartenspiele, Serviceleistungen, Liebesspiele und gemeinsame Essen.

4. Nun zum Bühnenformat, der universal auftretenden Anordnung, in der eine Handlung vor einem Publikum stattfindet. Was dort präsentiert wird, kann eine Rede sein, ein Wettbewerb, ein formales Treffen, ein Schauspiel, ein Film, eine musikalische Darbietung, eine Geschicklichkeitsdemonstration oder ein Zauberkunststück, eine Folge von Vorträgen, eine Zeremonie oder eine Mischung aus all dem. Die Darsteller agieren entweder auf erhöhten Bühnen oder im Kreise der Zuschauer selbst. Die Größe des Publikums steht nicht im direkten Zusammenhang mit dem, was aufgeführt wird (sicherlich aber hängt sie von den Bestimmungen ab, die den Zutritt zum Zuschauerraum regeln), und die Aufgabe der Zuschauer ist es eher, zu genießen als sich anzustrengen. Ohne Zweifel haben moderne Technologien diese Kategorie von Veranstaltungen radikal vergrößert, so daß entfernte Publika angesprochen und eine größere Bandbreite an Stoffen vorgeführt werden können. Das Format selbst aber hängt stark von den Erfordernissen ab, die gestellt werden, wenn einer potentiell sehr großen Zahl an Individuen der Zugang zu einem gemeinsamen Gegenstand des visuellen und geistigen Interesses ermöglicht werden soll, etwas, was nur gelingt, wenn sich die Zuschauer mit einer nur mittelbaren Teilhabe an dem Ereignis zufriedengeben.

5. Schließlich kann man noch feierliche soziale Anlässe anführen. Damit meine ich anberaumte Versammlungen von Individuen, deren Teilnahmeberechtigung kontrolliert wird, wobei sich das ganze unter der Schirmherrschaft und zu Ehren eines gemeinsam anerkannten Anlasses ereignet. Wahrscheinlich entsteht hierbei eine gemeinsame Stimmung oder eine Atmo-

sphäre, die sich wie ein Verlaufsbogen der Beteiligung durch die Versammlung zieht. Die Teilnehmer betreten die Feierlichkeit auf geregelte Weise und verlassen sie ebenso geordnet. Der Schauplatz eines einzigen sozialen Anlasses kann aus mehreren voneinander abgegrenzten Regionen bestehen, wobei diese Regionen so miteinander verbunden sind, daß sie die Bewegung zwischen ihnen, die Vermischung und die Ausbreitung von Reaktionen erleichtern. Im Umfeld eines sozialen Anlasses können Schauplätze für viele verschiedene konversationelle oder andere Unternehmungen liegen, und oft werden sie ihren Höhepunkt und ihre Rahmung in einer Bühnenaufführung finden. Oft wird man ein gewisses Gespür für die formalen Abläufe haben; man wird in der Lage sein, den dem Höhepunkt vorangehenden Zeitraum als Gelegenheit für informelle Geselligkeit wahrzunehmen und die Phase danach als eine merkliche Erleichterung von den Verpflichtungen, die das Ereignis auferlegt, zu empfinden. Für gewöhnlich gibt es gewisse Ablaufpläne und manchmal sogar eine Tagesordnung. Es wird eine grobe Arbeitsteilung zwischen den Hausangestellten, den offiziellen Organisatoren und den nicht mit Ämtern versehenen Teilnehmern geben. Das Ereignis wird von vornherein und nachträglich als ein einheitliches Ereignis betrachtet, das Gegenstand eines Berichts sein kann. Feierliche soziale Anlässe können als die größte interaktive Einheit angesehen werden, als, wie es scheint, der einzige Interaktionstypus, der über mehrere Tage hinweg organisiert werden kann. Haben feierliche Anlässe erst einmal eingesetzt, so werden sie normalerweise bis zu ihrem Abschluß durchexerziert.

Es versteht sich von selbst, daß Zusammenkünfte, Bühnenaufführungen oder feierliche Anlässe immer mit zusätzlichen Interaktionsarten verknüpft werden können – und damit auch mit den Einheiten, die solche Interaktionsarten tragen. Selbstverständlich erleichtert und unterstützt dabei der sprachliche Austausch zwischen zwei bis vier Parteien den gesamten Ablauf und dient dazu, Hindernisse der Handlungsabstimmung aus dem Weg zu räumen und unbeabsichtigte Zusammenstöße mit angrenzenden, davon unabhängigen Aktivitäten zu vermeiden.

Ich habe ein paar grundlegende Typen der Interaktion erwähnt: bewegliche Einheiten, Begegnungen, konversationelle Zusammenkünfte, formelle Treffen, Bühnenaufführungen und soziale Anlässe. Auf ähnliche Weise ließen sich auch Interaktionsverläufe oder -mechanismen behandeln. Auch wenn es recht einfach ist, sich wiederholende Interaktionsprozesse auf derselben Beschreibungsebene – vor allem auf mikroskopischem Niveau – zu bestimmen, so bereitet es doch beträchtliche Schwierigkeiten, ihre elementaren Bausteine ausfindig zu machen – sieht man einmal von denen ab, die im Zusammenhang mit dem Redezugwechsel in Konversationen stehen. Dasselbe kann auch von den Interaktionsrollen gesagt werden.

V.

Ich werde nicht länger über die Formen und Prozesse des gesellschaftlichen Lebens reden, die spezifisch für die Interaktionsordnung sind, denn das würde nur für die von Interesse sein, die sich mit Humanethologie, kollektivem Verhalten, der öffentlichen Ordnung oder der Diskursanalyse beschäftigen. Stattdessen möchte ich meine abschließenden Bemerkungen einem allgemeinen Gegenstand von größerer Reichweite widmen: den Schnittstellen zwischen der Interaktionsordnung und den Strukturelementen, die traditionellerweise als typisch für soziale Organisationen angesehen werden. Zu diesem Zwecke möchte ich einige Merkmale der Interaktionsordnung beschreiben, allerdings nur jene, die unmittelbare Folgen für die makroskopischen Welten jenseits der Interaktionen haben, in denen diese Merkmale in Erscheinung treten.

Von vornherein sollte eine Sache klargestellt werden, die so offen zu Tage liegt, daß man sie als zu selbstverständlich erachten und unerwähnt lassen könnte: die unmittelbaren Auswirkungen situativer Faktoren auf soziale Strukturen. Drei Beispiele seien dafür genannt.

Erstens: Insofern komplexe Organisationen von einem bestimmten Personal abhängen (typischerweise dem Personal, das es geschafft hat, leitende Positionen zu bekleiden), haben die täglichen Abfolgen sozialer Situationen, die während oder außerhalb der Arbeitszeit stattfinden – also die Runde täglicher Ereignisse – unmittelbare Auswirkungen für die Organisationen, da das Personal der Organisation in diesen Situationen beschädigt oder sogar entführt werden kann. Tante-Emma-Läden, Familien, Beziehungen und andere kleine Strukturen sind alle in gleicher Weise dafür anfällig, vor allem solche in Gebieten mit hoher Kriminalität. Obwohl dieser Umstand zu allen Zeiten und an allen Orten großes öffentliches Interesse erregen kann, ist er jedoch von keinem sonderlich großen theoretischen Interesse; analytisch gesehen bereiten unerwartete Todesfälle aus natürlichen Gründen den Organisationen dieselben Sorgen. In beiden Fällen hat man es eben mit nichts anderem als Risiko zu tun.

Zweitens wurde der offensichtliche Umstand schon angedeutet, daß ein großer Teil der Arbeit in Organisationen – Entscheidungsfindung, Informationsvermittlung, die enge Abstimmung körperlicher Aufgaben – in unmittelbaren Interaktionen bewerkstelligt wird, ja gar nicht anders ausgeführt werden kann und deshalb unmittelbaren Manipulationen offensteht. Um es anders zu sagen: Insofern die Akteure sozialer Organisationen jeder Größenordnung, von Staaten bis zu Haushalten, überredet, verführt, umschmeichelt, eingeschüchtert oder durch sonstige Methoden beeinflußt werden können, die nur in unmittelbaren Interaktionen angewendet werden können, wirkt sich auch hier die Interaktionsordnung unvermittelt auf makroskopische Größen aus.

Drittens gibt es Schlüsselsituationen, die über das weitere Schicksal von Leuten entscheiden, Begegnungen, in denen der Eindruck, den Individuen im Verlauf von Interaktion erwekken, sich unmittelbar auf ihr Lebensschicksal auswirkt. Das institutionalisierte Beispiel für solche Schlüsselsituationen ist das Vorstellungsgespräch, wie es von Schulleitern, Psychologen in Personalabteilungen, psychiatrischen Gutachtern und Gerichtsbeamten durchgeführt wird. In einer weniger offensichtlichen Form sind solche Vorgänge allgegenwärtig; jeder ist ein Türsteher zu irgend etwas. So lassen sich auch Freundschaftsbeziehungen und eheliche Bande (wenigstens in unserer Gesellschaft) auf Anlässe zurückverfolgen, in denen aus der ersten Begegnung mehr Konsequenzen gezogen wurden, als unbedingt nötig war.

Ob solche Schlüsselsituationen in institutionellen Zusammenhängen vorkommen oder nicht, liegt es doch auf der Hand, warum sie so situationsanfällig sind: Jede Kultur, ganz ohne Zweifel aber unsere eigene, verfügt über ein beträchtliches Sortiment an Wissen über Tatsachen und Vorstellungen darüber, wie Status und Charakter einer Person sich in Anzeichen manifestieren, die eine »Entzifferung« von Personen erleichtern. Durch eine Art vorgängiger Organisation scheinen uns also soziale Situationen bestens Informationen über die verschiedenen Eigenschaften eines Teilnehmers zu liefern – wenn sie uns auch nur lebendig das re-präsentieren, was wir ohnehin schon wußten. Zudem können in solchen und anderen Situationen unter Entscheidungsdruck geratene Akteure endlose »Rationalisierungen« vornehmen, die all diejenigen Überlegungen zum infragestehenden Problem (sogar für die Akteure selbst) verschleiern, die für die Entscheidung tatsächlich eine Rolle spielen, und vor allen Dingen verheimlichen sie dabei das Gewicht, das den einzelnen Faktoren dabei gegeben wird.

In diesen Schlüsselsituationen kann nun die versteckte Selektion von Personen erfolgen, durch die, wie Bourdieu sagen würde, die Sozialstruktur reproduziert wird. Analytisch gesehen liegen diese die Sozialstruktur konservierenden Faktoren keineswegs nur in Situationen. Die subjektiven Gewichte, die einer großen Zahl sozialer Attribute – seien diese nun offiziell von Bedeutung oder nicht und seien sie nun wirklich beobachtbar oder bloß eingebildet – beigemessen werden, können mit punktuellen Mystifizierungen versetzt werden; das uneingestandene Gewicht, das etwa auf die Hautfarbe gelegt wird, kann abgeschwächt werden durch andere strukturelle Variablen: Klasse, Geschlecht, Alter, Mitgliedschaftsrollen, soziale Netzwerke, Strukturen die sich bestenfalls nur teilweise dekken. Zudem gehen strukturelle Merkmale, werden sie nun offen oder verdeckt in der Gewichtung berücksichtigt, nicht völlig in den persönliche Merkmalen auf, die sich erst in sozialen Situationen vollständig entfalten: Aussehen, Persönlichkeit und dergleichen mehr. Das eigentlich Situationsbedingte an diesen Schlüsselsituationen ist die Augenfälligkeit der wirklichen oder scheinbaren Merkmale der daran Beteiligten, und dabei wird durch eine undurchschaubare Gewichtung der verschiedenen offensichtlichen und situativen Merkmale über die situationstranszendenten Lebenschancen entschieden. Dies könnte einerseits die Verkrustung strukturell bedingter Selektion heimlich fördern; es könnte aber auch genausogut zu ihrer Auflokkerung beitragen.

An dieser Stelle kann man nun erkennen, wie die Sozialstruktur von dem, was in unmittelbaren Begegnungen stattfindet, abhängt oder wenigstens davon berührt wird. Das hat manche zu der reduktionistischen Behauptung verleitet, daß alle makrosoziologischen Phänomene der Gesellschaft, ja die Gesellschaft insgesamt ein periodisch in Erscheinung tretendes Kompositum von etwas sei, das letztlich auf die Wirklichkeit von Begegnungen zurückgeführt werden könne – also bloß eine Frage der Anhäufung und Extrapolation interaktiver Wirkungen sei.[6] (Diese Position wird zuweilen noch verstärkt durch das Argument, daß alles, was wir über soziale Strukturen wissen, eine hochgradig aufbereitete Kurzschrift dessen ist, was ursprünglich ein Strom von Erfahrungen in sozialen Situationen war.)

Mir scheinen diese Behauptungen unangemessen. Zum einen verwechseln sie die Sphäre der Interaktion, in der Worte

6 Goffman spielt hier vermutlich auf die Position von Randall Collins an. Vgl. Micro-translation as a theory-building strategy, in: K. Knorr-Cetina und A. V. Cicourel (Hg.), *Advances in Social Theory and Methodology: Toward an Integration of Micro-and Macro Sociologies.* Boston 1981, 81-108; On the microfoundations of macrosociology, in: *American Journal of Sociology* 86 (1981), 984-1014 (A. d. Ü.).

und Gesten zeichenhaft auftreten, mit der sozialen Reichweite dieser Worte und Gesten, kurz: Sie verwechseln das Situative mit dem Situierten. Wenn Ihr Gerichtsvollzieher Ihnen erklärt, daß bei Ihnen gepfändet werden muß oder wenn Ihr Arbeitgeber oder Ihr Lebenspartner Ihnen mitteilt, daß Ihre Dienste nicht mehr länger erwünscht sind, können diese schlechten Botschaften in einem davon völlig unberührten Ton überbracht werden, der die Angelegenheit freundlich und behutsam menschlich klingen läßt. Solche rücksichtsvollen Techniken gehören zu den Ressourcen der Interaktionsordnung. Zum Zeitpunkt ihrer Anwendung werden Sie dafür sehr dankbar sein. Doch was interessiert Sie noch am nächsten Morgen, ob Sie die Nachricht mittels eines Kabeltelefons, eines Computerausdrucks, eines blauen Streifens an der Stechuhr oder mittels einer Notiz auf dem Schreibtisch erhalten haben? Wie feinfühlend oder rücksichtslos man auch immer im Moment der Übermittlung schlechter Nachrichten behandelt wird, sagt nichts über die eigentliche Bedeutung der Nachricht aus.

Überdies glaube ich nicht, daß man etwas über die Gestalt des Warenmarktes, über die Verteilung städtischer Grundstücke, über den ethnischen Wandel in Stadtverwaltungen, über die Struktur von Verwandtschaftssystemen oder über systematische Lautverschiebungen zwischen den Dialekten einer Sprachgemeinschaft herausfinden kann, wenn man die besonderen sozialen Zusammenkünfte extrapoliert oder aggregiert,[7] in denen Personen in einem der erwähnten Zusammenhänge involviert sind. (Es ist durchaus möglich, Beschreibungen von Makro-Phänomenen einer sinnvollen mikroanalytischen Betrachtung zu unterziehen, wenn sie nicht um der unmittelbaren Interaktion willen geschehen, sondern wenn man hinter den Generalisierungen der Makro-Beschreibungen nach auffälligen Unterschieden der Interaktionen zwischen, sagen wir, verschiedenen Industriezweigen, Regionen, Zeitabschnitten oder ähnlichem sucht, um die allgemeinen Aussagen differenzieren zu können.)

---

7 Aggregation und Extrapolation sind nach Collins die zwei Techniken, soziale Situationen in Verbindung mit der Sozialstruktur zu bringen (A. d. Ü.).

Ich stimme genauso wenig der Auffassung zu, daß unmittelbares Verhalten ein irgendwie wirklicheres, weit weniger willkürliches Konstrukt sei als etwa das, was wir uns unter den Geschäftsbeziehungen zweier Firmen oder unter der Verteilung schwerer Kapitalverbrechen über einen Wochenzyklus und die Unterbezirke eines New Yorker Stadtviertels vorstellen; in all diesen Fällen haben wir es mit nichts anderem als Zusammenfassungen zu tun, die irgend jemand erstellt hat. Ich behaupte lediglich, daß sich durch die beständige Wiederholung Formen des unmittelbaren Zusammenlebens einspielen, denn obwohl die daran Beteiligten heterogen zusammengesetzt sind, müssen sie doch auf schnellstem Wege zu einer vernünftigen, funktionierenden Verständigung finden. Deshalb erscheinen mir diese unmittelbaren Vorgänge einer systematischen Analyse besser zugänglich zu sein als die internen oder externen Funktionsweisen vieler makroskopischer Phänomene. Die unmittelbaren Formen selbst sind in subjektiven Gefühlen verankert und verleihen deswegen der Empathie eine beachtenswerte Rolle. Die Kürze der Zeitspanne und die räumliche Begrenztheit, die viele Erscheinungsformen dieser Art von Ereignissen auszeichnen, erleichtert die Möglichkeit der Aufzeichnung (oder des Nachspielens), und man genießt ohne Zweifel das Privileg, daß man den Blick während des gesamten Ablaufs solcher Ereignisse auf einzelne Aspekte konzentrieren kann. Doch sollte man daran denken, daß das, was manche Forscher als die kleinste (und in diesem Sinne grundlegendste) Einheit der persönlichen Erfahrung innerhalb des Bereichs der unmittelbaren Interaktion ansehen, anderen lediglich als eine hoffnungslose und unentwirrbare Materie erscheint, die eine sehr viel raffiniertere Form der Mikroanalyse verlangt.

Zusammengefaßt heißt das, daß man zwar von einer vergleichsweise autonomen Form des Lebens in der Interaktionsordnung sprechen kann (wie das Charles Tilly mit Bezug auf eine dieser Formen einleuchtend demonstriert hat[8]), ohne sie jedoch als irgendwie vorgängig, grundlegend oder konstitutiv für die Gestalt von makroskopischen Phänomenen ansehen zu

8 Charles Tilly, *From Mobilization to Revolution*. New York 1978 (A. d. Ü.).

dürfen. Das zu tun, hieße ein ähnlich subjektzentriertes Spiel wie Bühnenschriftsteller, klinische Psychologen und V-Männer zu betreiben – sie alle erzählen ihre Geschichte so, als ob der persönliche Wille der einzelnen Figuren die Handlungen konstituieren und kontrollieren würde, um den einzelnen Hörern und Lesern dankenswerterweise die Identifikation mit den Geschehnissen zu erleichtern.

Aber ebenso verkehrt wäre es, Interaktionsordnungen als etwas Unveränderliches anzusehen. Alle Elemente des sozialen Lebens haben eine Geschichte und verändern sich im Laufe der Zeit, und keines kann unabhängig von derjenigen Kultur, in der es vorkommt, völlig verstanden werden. (Das heißt nicht, daß uns Historiker und Anthropologen kein Forschungsmaterial zur Verfügung stellen könnten, wenn es uns um eine ernsthafte Analyse von Interaktionsprozessen in Gesellschaften zu tun ist, die uns nicht mehr zugänglich sind.)

VI.

Ich habe die unmittelbaren Verbindungen zwischen sozialen Strukturen und der Interaktionsordnung nicht deswegen erwähnt, weil ich etwas Neues oder Grundsätzliches dazu zu sagen hätte, sondern nur, um sie jenen Schnittstellen kontrastierend gegenüberzustellen, die am breitesten diskutiert werden, nämlich den Durkheimschen. Sie kennen alle die Litanei. Ein entscheidendes Merkmal unmittelbarer Begegnungen besteht darin, daß wir in ihnen – und nur in ihnen – einer Sache eine Form und einen dramatischen Aufbau verleihen können, die unseren Sinnen auf andere Weise nicht zugänglich sind. Durch Kleidung, Gesten und der Anordnung des Körpers können wir eine große Palette ungegenständlicher Dinge darstellen und repräsentieren, denen nur gemeinsam ist, daß sie Bedeutung für unser Leben haben, aber keine Schatten werfen. Dazu zählen prägende vergangene Ereignisse, Glaubensvorstellungen über den Kosmos und über unseren Platz darin, Idealvorstellungen über bestimmte Kategorien von Personen und natürlich soziale Beziehungen und größere soziale Strukturen. Diese Verkörperungen finden sich konzentriert in Ritualen (die wiederum in feierliche soziale Anlässe eingebettet sind), und es wird vermutet, daß sie es den Individuen ermöglichen, sich damit ihrer Zugehörigkeit zu und Verbundenheit mit ihren Gemeinschaften zu vergewissern, und daß sie so deren letztgültige Glaubensvorstellungen beleben. In diesem Falle ist das Fest einer Gemeinschaft das bewußte Motiv zur Begehung des sozialen Anlasses, den das Fest beherbergt, und natürlich prägt es somit dessen gesamte Organisation. Die Bandbreite solcher feierlicher Anlässe ist groß: Am einen Ende finden wir Krönungen, am anderen das gemeinsame Essengehen zweier Paare – dieses in Mittelschichtkreisen zunehmend beliebter werdende Ritual, dem wir alle ein so hohes Gewicht zumessen und verdanken.

Die Sozialanthropologie erklärt diese verschiedenen Rituale zu ihrem Gegenstand, und tatsächlich ist die beste Arbeit über solche Vorgänge in modernen Zeiten Lloyd Warners »The Living and the Dead«.[9] Darin zeigt sich, daß säkulare Massengesellschaften dieser Art von Feierlichkeiten keineswegs feindlich gegenüberstehen; wie Crystal Lane[10] unlängst gezeigt hat, praktiziert beispielsweise die sowjetische Gesellschaft diese Zeremonien ausgiebig. Segnungen mögen an Zahl und Bedeutung ja abnehmen, nicht aber die Gelegenheiten, zu denen sie einst stattgefunden hätten.

Vermutlich haben diese Anlässe Auswirkungen auf die Makrostrukturen. So berichtet uns z.B. Abner Cohen, daß der *Steel-Band*-Karneval, der im Gebiet um Notting Hill in London als multikulturelles Straßenfest begann, schließlich in den politischen Zusammenschluß der West-Indischen Londoner mündete; was einst als *Bank Holiday*-Feiertag begann – im wesentlichen eine Schöpfung, die nur interaktiv am Leben erhal-

9 Lloyd Warner, *The Living and the Dead. A Study of the Symbolic Life of Americans.* New Haven 1959 (A. d. Ü.).

10 Christel Lane, *The Rites of Rulers. Ritual in Industrial Society, the Soviet Case.* Cambridge, 1981 (A. d. Ü.).

ten werden kann – endete als Ausdruck einer politisch selbstbewußten Gruppe; wobei die Manifestation selbst wesentlich dazu beitrug, den strukturellen Kontext zu erzeugen, in dem sie dann gesehen werden sollte.[11] Somit war der Karneval mehr die Ursache einer sozialen Bewegung und ihrer gruppenbildenden Folgen als ihr bloßer Ausdruck. Einen vergleichbaren Fall schildert Simon Taylor: Der Kalender politischer Feiern, den die nationalsozialistische Bewegung in Deutschland entwickelte und der eine auf Hitler zugeschnittene Version der wichtigsten christlichen Zeremonien war, spielte eine wichtige Rolle für die Stärkung des Einflusses der Partei auf die ganze Nation.[12] Die Schlüsselveranstaltung des jährlichen Zyklus war zweifellos der Nürnberger Reichsparteitag auf dem Zeppelinfeld. Auf diesem Platz konnte sich knapp eine Viertelmillion Menschen versammeln, die alle eine direkte Sicht auf die Bühne hatten. Eine solche Masse von Leuten, die unisono auf dasselbe Geschehen auf dem Podium antwortete, hinterließ bei einigen Teilnehmern offensichtlich einen nachhaltigen Eindruck. Wir haben es hier sicherlich mit einem Sonderfall eines situativen Ereignisses zu tun, und die dadurch aufgeworfene Frage ist zweifellos nicht, wie die Rituale die Ansichten der Nazis über die Welt widerspiegelten, sondern wie diese jährliche Veranstaltung selbst zur politischen Vormachtstellung ihrer Impresarios beitrug.

Anhand dieser beiden, zugegebenermaßen etwas ausgefallenen Beispiele kann man schön den Übergang von unmittelbaren, interaktiven Effekten zur politischen Organisation aufzeigen. Ohne Zweifel kann jede einzelne Massenveranstaltung, insbesondere wenn sie eine Konfrontation zwischen Kollektiv und Machtapparat beinhaltet, langfristige Auswirkungen auf die politische Orientierung der Feiernden haben.

Es scheint recht einfach zu sein, diejenigen Kollektive auszumachen, die sich durch Rituale feste Handlungsmuster ge-

---

11 Abner Cohen, A polyethnic London Carnival as a contested cultural performance, in: *Ethnic and Racial Studies* 5,1 (1982), 23-41 (A. d. Ü.).

12 Simon Taylor, Symbol and ritual under National Socialism, in: *British Journal of Sociology* 32,4 (1981), 504-520 (A. d. Ü.).

geben haben, und noch weitere Belege dafür anzuführen, wie wesentlich ein solcher interaktiver Schatten für die strukturelle Substanz ist, die ihn wirft. Doch gibt dies uns beileibe keine hinreichenden Beweise dafür an die Hand, daß – wenigstens in unserer heutigen Gesellschaft – generell alles, was makrosopisch relevant ist, aus Ritualen abgeleitet werden kann. Diejenigen, die in der Lage sind, solche Veranstaltungen zu genehmigen und zu organisieren, nehmen meistens darin auch die Hauptrolle ein, und diese Funktionäre scheinen immer mit einem guten Ausgang der Sache zu rechnen. Doch können die Verbindungen und Beziehungen, die wir in solch rituellen Veranstaltungen eingehen, so verblassen, daß wir ihnen nicht mehr zu widmen bereit sind als die bloße Wiederholung der Rituale. Sie spiegeln dann weniger eine soziale Wirklichkeit wider als unsere Nostalgie, unser schlechtes Gewissen und unsere anhaltende Ehrfurcht vor dem, was nicht mehr länger bindet. (Wenn Freunde in eine andere Stadt ziehen, können die zufällig gefeierten Begegnungen nicht mehr nur Ausdruck der Beziehung sein, sondern ihr ganzer Inhalt.) Wie Moore and Myerhoff vermutet haben, können die Kategorien von Personen, die sich zu einem Ritual versammeln (und so die dazugehörigen Strukturen ausbilden), später nie wieder so zusammenkommen, weder rituell noch auf eine andere Weise.[13] Sie brauchen nichts weiter zu repräsentieren als eine einmalige Zusammenkunft von verschiedenen, zufällig aufeinandertreffenden Interessen. Gewiß haben nicht alle feierlichen Veranstaltungen, wie etwa diese Präsidenten-Ansprache, notwendig zur Folge, daß sich die Teilnehmer wieder auf die Disziplin oder die Profession, in deren Namen sie sich versammelt haben, einschwören. Eigentlich kann man nur hoffen, daß die Erinnerungen an den Verlauf dieser einen Stunde sobald wie möglich verblassen, damit alle im nächsten Jahr wieder an dieser Versammlung teilnehmen, der sie wieder einmal nicht beiwohnen wollten.

---

13 S. F. Moore und B. G. Myerhoff, Introduction: Forms and meanings, in: dies. (Hg.), *Secular Ritual.* Amsterdam 1977 (A. d. Ü.).

Alles in allem dienen Gefühle, die mit strukturellen Verbindungen verknüpft sind, eher als Ressource des Engagements – sie spielen eher eine tragende Rolle für die Feierlichkeit –, als daß sie dasjenige stabilisieren, woraus sie entstanden sind.

VII.

Wenn wir uns Rituale so ähnlich wie Geschichten vorstellen, die einmal mehr, einmal weniger ausführlich erzählt werden und einmal stärker, einmal schwächer aus den alltäglichen Routinen herausragen können, dann lassen sich diese komplexen Vorführungen durchaus mit den Ritualen der unmittelbaren Begegnung kontrastieren, mit jenen kurzen, mechanischen Ausdruckshandlungen, die im Alltagsleben so häufig und sozusagen im Vorbeigehen stattfinden und an denen im Regelfall nicht mehr als zwei Personen beteiligt sind. Diese rituellen Vorführungen wurden von der Anthropologie nicht sonderlich gründlich erforscht, obwohl sie interessantere Aufschlüsse ermöglichen als weit komplexere Abläufe. In der Tat erweist sich die Ethologie und der ethologische Begriff des Rituals zumindest im Sinne einer absichtsvollen Zurschaustellung zur Beschreibung des Phänomens als ebenso nützlich wie der anthropologische. Demnach lautet die Frage: Nach welchen Prinzipien gestaltet sich das Verhältnis zwischen sozialen Strukturen und Ritualen der unmittelbaren Interaktion? Dieser Frage möchte ich mich abschließend annehmen.

Die Ereignisse, die dann stattfinden, wenn sich Personen zufällig in wechselseitiger und unmittelbarer Reichweite befinden, eignen sich gut als mikroökologische Metaphern, Zusammenfassungen und ikonische Symbole für makrostrukturelle Anordnungen – ob dies nun beabsichtigt ist oder nicht. Und sollten sich solche Ausdruckshandlungen nicht zufällig ergeben, dann lassen sich die örtlichen Umgebungen leicht so manipulieren, daß sie doch hervorgebracht werden können. Je nach den jeweiligen kulturellen Präferenzen und Neigungen – zum

Beispiel der Bedeutung, die Größenverhältnissen beigemessen wird, dem Wert, der Links- oder Rechtshändigkeit zugeschrieben wird, oder der Orientierung an den Himmelsrichtungen – werden die von einer Kultur als herausragend erachteten Ressourcen mehr genutzt als andere. Es stellt sich deshalb die Frage: Wie werden diese Merkmale der Interaktionsordnung mit der Sozialstruktur, einschließlich der sozialen Beziehungen, verknüpft oder verbunden, an sie angeschlossen oder in sie eingebunden? Diesen Fragen haben sich die Sozialwissenschaftler ziemlich nachlässig zugewandt, vor allen Dingen deswegen, weil sie sich mit solchen Phrasen zufriedengaben, wie etwa sie seien ein »Ausdruck von«. Ein kleines soziales Ritual ist in keinem schlichten Sinne »ein Ausdruck *von*« strukturellen Anordnungen; es ist bestenfalls ein Ausdruck in dem Sinne, als es *mit Blick* auf diese Anordnungen erzeugt wird. Soziale Strukturen »determinieren« nicht kulturell standardisierte Darstellungsformen, sie helfen lediglich, aus einem verfügbaren Repertoire von Darstellungen auszuwählen. Die Darstellungsformen selbst, wie etwa der Vorrang beim Bedientwerden, das Gewähren des Vortritts bei Türen, die Mittelpunktposition in Sitzordnungen, der Zugang zu verschiedenen öffentlichen Plätzen, Privilegien zur Unterbrechung von Redebeiträgen anderer oder zur Bevorzugung bei der Erteilung von Rederechten, sind von Grund auf und im Kern interaktiv; sie können bestenfalls locker geknüpfte Beziehungen zu so etwas wie Sozialstrukturen haben, die mit ihnen in Verbindung gebracht werden könnten. Die Formen sind Zeichenträger, die aus dem situativ verfügbaren Darstellungsrepertoire hergestellt werden, und was sie »reflektieren« sollen, bleibt notwendigerweise eine offene Frage.

Schauen Sie sich zum Beispiel nur einmal den kleinen Ausschnitt unseres rituellen Idioms an, der häufig zum Gegenstand von Seminararbeiten gemacht wird: die Erlaubnis zur gegenseitigen Anrede mit Vornamen. Die bloße Tatsache, daß zwei Personen einander gestatten, beim Grüßen oder beim Miteinanderreden Vornamen zu verwenden, kann alleine nicht als Beleg dafür gelten, daß sie in einer besonderen strukturellen

Beziehung zueinander stehen oder daß sie Mitglieder einer bestimmten sozialen Organisation, Gruppe oder sozialen Kategorie sind. Es lassen sich große Unterschiede hinsichtlich der Region, der Schichtzugehörigkeit und der Epoche finden, und diese Unterschiede hängen nicht direkt mit sozialstrukturellen Unterschieden zusammen. Doch es gibt andere Faktoren. Nehmen wir doch für einen kurzen Augenblick Leute wie uns selbst als Beispiel. Wir verwenden Vornamen für Geschwister, Verwandte derselben Generation, Freunde, Nachbarn, frühere Schulkameraden, für Leute, die uns im privaten Rahmen häuslicher Treffen vorgestellt wurden, für unsere Kollegen im Büro, für unseren Autoverkäufer, für unseren Steuerberater und für unsere Kumpels, mit denen wir zusammen Karten spielen. Bedauerlicherweise bedienen sich auch manchmal Kinder im Umgang mit ihren Eltern solcher Anredeformen. Die bloße Tatsache, daß in manchen Fällen (z.B. Geschwister und Ehepartner) die Anrede mit dem Vornamen (im Gegensatz etwa zu anderen Eigennamen) verpflichtend ist, in anderen Beziehungen dagegen freigestellt, wirft ein Licht auf die Ungeregeltheit des Gebrauchs von Vornamen. Der Begriff Primärbeziehungen deutet, wenn auch etwas optimistisch, auf diesen Umstand hin, spiegelt allerdings den psychologischen Reduktionismus unserer soziologischen Vorväter und ihrer sehnsüchtigen Erinnerungen an die verlorenen nachbarschaftlichen Gemeinschaften, in denen sie aufwuchsen, wider. Zweifellos ist die gegenseitige Anrede mit Vornamen eine kulturell etablierte Ressource zur Gestaltung unmittelbarer Interaktionen. Sie impliziert eine geringere Formalität und bedeutet den Verzicht auf einen gehobeneren Ton in den rituellen Umgangsformen. Doch ist die Informalität (ebenso wie die Formalität) aus dem Stoff der Interaktion gewebt, und die verschiedenen sozialen Beziehungen und sozialen Kreise, die aus diesem Stoff gebildet werden, haben nur einige Gemeinsamkeiten. Diese Tatsache hindert uns natürlich nicht daran, wichtige Aufschlüsse über die strukturellen Beziehungen zweier Individuen zueinander daraus zu gewinnen, daß wir einen Katalog erstellen, der ihre gewohnheitsmäßigen Erwartungen symmetrischer oder asymmetrischer Formen interaktiver Achtung und Mißachtung, Rücksichtnahmen und rituelle Entlastungen, die sie einander gewähren, auflistet. Genausowenig kann bestritten werden, daß Konventionen Züge aufweisen, die einige Darstellungsformen in eine enge Verbindung zur Sozialstruktur stellen. So enthalten in unserer Gesellschaft etwa Hochzeitszeremonien einige Elemente, die nur von einem bestimmten Ausschnitt einer sozialen Klasse verwendet werden und als Anzeichen für sie verstanden werden können. Noch weniger soll damit behauptet werden, daß die Formen der Interaktion nicht den Rahmen der Interaktion, in dem sie ablaufen, mitkonstituieren. (Selbst wenn wir von dem absehen, *was* gesagt wird, unterscheiden sich die Regeln des Redezugwechsels in informellen Gesprächen von denen in familientherapeutischen Sitzungen, und diese unterscheiden sich wiederum von jenen in Schulstunden und diese wiederum von jenen in Gerichtsverhandlungen. Und all diese formalen Unterschiede lassen sich zum Teil aus den unterschiedlichen Handlungsproblemen erklären, die in den jeweiligen institutionellen Zusammenhängen, in denen sie stattfinden, gelöst werden müssen und die von transsituativen Zwängen bestimmt werden.)

Im großen und ganzen (und von wichtigen Ausnahmen abgesehen) stehen demnach interaktive Praktiken und soziale Strukturen, wenigstens in modernen Gesellschaften, in einer nicht determinierten Beziehung zueinander, die sich als »lose Koppelung« beschreiben ließe; in Interaktionen beobachten wir ein Auseinanderfallen von sozialen Schichten und Strukturen in breitere Kategorien, wobei diese Kategorien selbst nicht einem eins-zu-eins Verhältnis zu etwas in der Sozialstruktur stehen müssen, sondern vielmehr an eine Verzahnung erinnern, die verschiedene soziale Strukturen auf die Zahnräder der Interaktion überträgt. Man könnte das auch, wenn man so will, als einen Satz von Transformationsregeln bezeichnen oder als eine Membran, die bestimmt, wie verschiedene, extern relevante soziale Unterscheidungen in der Interaktion bewältigt werden.

Lassen Sie mich das an einem Beispiel veranschaulichen. Wenn man sich vor Augen führt, wie es Frauen in unserer Gesellschaft in informellen, gemischtgeschlechtlichen Unterhaltungen ergeht, ist es von sehr geringer Bedeutung, daß (statistisch gesehen) eine Handvoll Männer, Nachwuchs-Manager zum Beispiel, in ähnlicher Weise wie die Frauen zum Warten verdammt sind und an den Lippen der anderen hängen müssen – auch wenn es in jedem Fall nicht vielen Männern so ergeht. Aus der Perspektive der Interaktionsordnung jedoch ist diese Beobachtung von großer Bedeutung. Denn zum einen erlaubt sie uns, eine Rollenkategorie zu formulieren, die Frauen und Nachwuchs-Manager (und alle, die sich in dieser Lage befinden) umfaßt; und zudem gehört diese Rollenkategorie – im Unterschied zu den Kategorien »Frauen« oder »Nachwuchs-Manager« – *analytisch* in die Interaktionsordnung.

Ich brauche Sie lediglich daran zu erinnern, daß die Abhängigkeit interaktiver Handlungsabläufe von Faktoren, die außerhalb der Interaktion angesiedelt sind – ein Umstand, den bezeichnenderweise diejenigen unter uns vernachlässigen, die sich mit unmittelbaren Interaktionen beschäftigen –, in sich nicht gleichbedeutend ist mit einer Abhängigkeit von sozialen Strukturen. Wie schon angedeutet, ist die kognitive Beziehung zwischen den Beteiligten ein zentrales Merkmal in allen unmittelbaren Interaktionen, d.h. daß jeder faktisch Annahmen über das Wissen macht, das der andere hat. Diese Beziehung ist vergleichsweise kontextfrei und setzt sich über jede aktuelle soziale Situation fort bis zu allen Gelegenheiten, bei denen sich diese beiden Individuen treffen. Paare, die intime Beziehungsstrukturen ausbilden, werden definitionsgemäß eine Menge voneinander wissen und sich an ebenso viele Erfahrungen erinnern, die nur sie miteinander teilen; das wirkt sich drastisch darauf aus, was sie einander sagen und wie lakonisch sie sein können, wenn sie auf dieses Wissen anspielen. Doch all dieses exklusive Wissen verblaßt, wenn man sich das Ausmaß an Informationen über die Welt vergegenwärtigt, das zwei einander kaum bekannte Personen vernünftigerweise gegenseitig voraussetzen, wenn sie voreinander Äußerungen formulieren. (Auch daran erkennen wir wieder, daß die traditionelle Unterscheidung zwischen primären und sekundären Beziehungen eine »Erkenntnis« darstellt, von der die Soziologie abrücken sollte.)

Die allgemeinen Merkmale, die ich in der Beziehung zwischen der Interaktionsordnung und der Sozialstruktur herausgestellt habe, können, so hoffe ich, konstruktiv ausgebaut werden. Zum ersten schlage ich zu diesem Zwecke, wie bereits angeklungen, vor, die in den Mittelpunkt der Untersuchung die Frage zu stellen: Wer fügt wem etwas zu? Man kann davon ausgehen, daß sich die dabei gefundenen Kategorien von Handelnden in nahezu keinem Falle mit irgendwelchen strukturellen Klassen überschneiden. Lassen sie mich dazu noch ein anderes Beispiel anführen. Benimmbücher sind voll von Empfehlungen dafür, welche Höflichkeiten Männer in einer gesitteten Gesellschaft den Frauen schuldig sind. Natürlich sind die Vorstellungen darüber, welche Typen von Frauen und welche Typen von Männern nicht als berechtigte Teilnehmer und Teilnehmerinnen am Austausch dieser Höflichkeiten gelten, weniger deutlich ausgeführt. Noch bezeichnender ist, wie sich bei genauerer Betrachtung herausstellt, daß jede dieser kleinen Gesten auch für den Austausch zwischen anderen Personenkategorien vorgeschrieben wird: Erwachsene gegenüber älteren Personen, Erwachsene gegenüber jüngeren Personen, Gastgeber gegenüber Gästen, Experten gegenüber Anfängern, Einheimische gegenüber Besuchern, Freunde gegenüber einer Person, die ein biographisch wichtiges Ereignis feierlich begeht, gesunde Personen gegenüber kranken, gesunde gegenüber behinderten Personen. Und, wie schon angedeutet, zeigt es sich, daß das, was alle diese Paarungen teilen, seinen Ort nicht in der Sozialstruktur hat, sondern etwas ist, das von einer interaktiven unmittelbaren Situationen erst ermöglicht wird. (Auch wenn man sich auf eine Sphäre des gesellschaftlichen Lebens beschränken würde – sagen wir auf die Aktivitäten innerhalb einer komplexen Organisation –, käme nur eine lose Koppelung zwischen der Interaktionsordnung und der sozialen Struktur zum Vorschein. Den Vortritt, den man seinem unmittelbaren Vorgesetzten läßt, erweist man auch dessen oder deren Vorgesetzten, denn der Vortritt ist eine interaktionale Ressource, die die ordinale Rangordnung ausdrückt und nicht die Distanz zwischen Rängen.) Es ist also möglich und sogar recht hilfreich, in sozialstrukturellen Termini auszudrücken, wer wem gegenüber einen bestimmten Akt der Ehrerbietung ausübt. Hat man diese Termini aber einmal formuliert, muß man sich bei der Erforschung der Interaktionsordnung allerdings der Frage zuwenden, wer außerdem noch solche Akte wem gegenüber ausführt; man muß die so Handelnden dann mit einem Begriff klassifizieren, der für alle zutrifft, und genauso bei den Kategorien von Personen verfahren, gegenüber denen so gehandelt wird. Und zudem muß man eine methodisch detaillierte Beschreibung der dabei verwendeten Interaktionsformen liefern.

Die Annahme einer nur losen Koppelung von Interaktionsordnung und Sozialstruktur erlaubt uns zweitens, die augenscheinliche Kraft von Marotten und Moden zur Veränderung ritueller Praktiken richtig einzuschätzen. Ein neueres Beispiel dafür, das Ihnen allen bekannt ist, war der schnelle und vermutlich vorübergehende Wechsel der Geschäftsleute zur informellen Kleidung in der späten Phase der Hippie-Bewegung, der zuweilen von einer Veränderung der Grußformen begleitet wurde, ohne daß sich in der Sozialstruktur entsprechende Änderungen ergaben.

Drittens kann man auf die Verletzbarkeit von Merkmalen der Interaktionsordnung durch direkte politische Interventionen verweisen, sowohl von oben wie von unten, und zwar jeweils ungeachtet der sozioökonomischen Beziehungen. So haben sich in letzter Zeit Frauen und Schwarze gemeinsam für sie bis dahin verschlossene öffentliche Räume erobert, in vielen Fällen mit langanhaltenden Folgen für deren Zugangsregelungen, jedoch ohne daß sich die sozialstrukturelle Position von Frauen und Schwarzen im großen und ganzen verändert hätte. Man denke hier auch etwa an die Absichten eines neuen Regimes, durch die Einführung und Durchsetzung einer neuen Praxis das öffentliche Erscheinungsbild breiter Kategorien von Personen neu festzulegen; zum Beispiel als die Nationalsozialisten in Deutschland von Juden verlangten, in der Öffentlichkeit identifizierende Armbinden zu tragen; oder als die sowjetische Regierung offizielle Maßnahmen ergriff, um Frauen der sibirischen Khanty-Volksgruppe vom Tragen ihrer Schleier abzuhalten; oder als die iranische Regierung Vorschriften zur Verschleierung in genau der entgegengesetzten Richtung erließ. Weiterhin kann man auch der Effektivität von Anstrengungen Rechnung tragen, Interaktionsformen der Kontaktaufnahme zu ändern, wenn etwa revolutionäres Salutieren, sprachliche Gruß- oder Anredeformen von oben eingeführt werden, die sich in einigen Fällen sogar dauerhaft durchsetzten.

Und schließlich kann man die Druckmittel anführen, die ideologische Bewegungen anwenden können, indem sie ihre Anstrengungen auf die Veränderung von Begrüßungen und Verabschiedungen, Anredeformen, Takt und Diskretion und andere Schnittstellen für Höflichkeit in der Bewältigung sozialer Kontakte und des sprachlichen Austauschs konzentrieren. Man denke auch an den Aufruhr, den eine Doktrin auslösen könnte, die einen systematischen Bruch mit den bei öffentlichen Anlässen schicklichen Standards der Bekleidung herbeiführen wollte. In dieser Hisicht waren die amerikanischen Hippies und später »The Chicago Seven« interessante Amateure; große Terroristen hinsichtlich der Kontaktformen waren indessen die Quäker im Großbritannien Mitte des 17. Jahrhunderts, denen es irgendwie gelang (wie Bauman jüngst gezeigt hat[14]), eine Lehre zusammenzuzimmern, die die damals eingelebten Standards der Höflichkeit erschütterte, durch die der sozialen Ordnung und breit geteilten gesellschaftlichen Werten in Interaktionen Referenz erwiesen wurde. (Ohne Zweifel leisteten sich auch andere religiöse Bewegungen dieser Zeit solche Aufsässigkeiten, jedoch selten so systematisch.) Diese sture Bande schlichter Redner sollte uns

14 Vgl. Richard Bauman, Speaking in the Light: The role of the Quaker minister, in: Ders. und Joel Sherzer (Hg.): *Explorations in the Ethnography of Speaking*. London 1974, 144-160. Ausführlicher ausgearbeitet in: *Let Your Words Be Few. Symbolism of Speaking and Silence among Seventeenth Century Quaker*. Cambridge 1983 (A. d. Ü.).

immer als Beispiel vor Augen stehen für die wunderbar zersetzende Macht systematischer Unhöflichkeit, und uns einmal mehr an die Verletzbarkeit der Interaktionsordnung erinnern. Ohne jeden Zweifel führten Fox's[15] Anhänger die Kunst, gräßliche Nervensägen zu sein, in ungeahnte Höhen.

VIII.

Von allen sozialen Strukturen, die sich mit der Interaktionsordnung überschneiden, scheinen soziale Beziehungen den engsten Zusammenhang mit ihr zu haben. Ich möchte dazu ein paar Worte sagen.

Die Anzahl oder die Häufigkeit von unmittelbaren Begegnungen zweier miteinander in Beziehung stehender Personen – den beiden Endpunkten der Beziehung – als auf irgendeine Weise konstitutiv für ihre Beziehung anzusehen, ist strukturell sehr naiv und nimmt ganz offensichtlich die durch enge Nähe gekennzeichnete Freundschaftsbeziehung zum Muster aller anderen Beziehungen. Und dennoch ist die Verbindung zwischen Beziehungen und der Interaktionsordnung natürlich sehr eng.

Nehmen Sie zum Beispiel (in unserer Gesellschaft) die Bekanntschaft, oder besser noch: das »Miteinander Bekanntsein«. Dabei handelt es sich ohne Zweifel um eine zentrale Institution, um einen Schlüssel zur Organisation sozialer Kontakte, wenn wir darauf achten, wie wir mit Individuen in unserer unmittelbaren oder etwa telephonisch vermittelten Gegenwart umgehen. Damit verbunden sind das Recht und die Pflicht, individuelle Identifikation anläßlich aller sich zufällig einstellenden Begegnungen gegenseitig zu akzeptieren und offen anzuerkennen. Einmal hergestellt, wird die Beziehung so betrachtet, als gelte sie fürs ganze Leben – eine Eigen-

15 Goffman bezieht sich hier auf George Fox (1624-1691), einen der herausragendsten charismatischen Führer der Quäker (A. d. Ü.).

schaft, die dem ehelichen Band mit weit geringerer Berechtigung zugeschrieben wird. Die soziale Beziehung des »Sich-vom-Sehen-Kennens« beinhaltet nicht viel mehr, als daß man einander kennt, wodurch sie also einen Grenzfall darstellt – eine soziale Beziehung, deren Folgen sich auf soziale Situationen beschränken –, da hier die Verpflichtung, ein Zeugnis der Beziehung zu geben, die Beziehung selbst *ist*. Und dieses Zeugnis ist der Stoff, aus dem die Interaktion besteht. Die Kenntnis des Namens eines anderen und das Recht, ihn bei der Anrede zu benutzen, impliziert übrigens die Fähigkeit, den bezeichnen zu können, mit dem man ein Gespräch anknüpfen will. In ähnlicher Weise hat eine beiläufig geschuldete Begrüßung die sofortige Eröffnung einer Begegnung zur Folge.

Wenn man sich nun »engeren« Beziehungen zuwendet, spielen das einander Bekannt-Sein und die daraus erwachsenden Verpflichtungen noch immer eine Rolle, in diesen Fällen jedoch keine entscheidende. Hier kommen nämlich noch andere Verbindungen zwischen den Beziehungen und der Interaktionsordung zum tragen. Die Verpflichtung, im Vorbeigehen Grüße auszutauschen, ist ausgeweitet: Das Paar kann dazu verpflichtet sein, jeweils seine bis dahin unabhängig verlaufenden Handlungen zu unterbrechen. Die Gelegenheit der Begegnung eröffnet so die Möglichkeit, das Vergnügen der nun entstandenen Kontaktsituation offen zur Darstellung zu bringen. Während dieser geselligen Kontaktsituation müssen alle Beteiligten beweisen, daß sie nicht nur den Namen der oder des anderen, sondern auch Teile ihrer oder seiner Biographie im Gedächtnis behalten haben. Gefragt sind Erkundigungen über die Signifikanten Anderen[16] der Anwesenden, über kürzlich abgeschlossene Reisen, über Krankheiten, falls angängig, über den Verlauf der Karriere und über allerlei andere Dinge, die das lebendige Interesse des Fragenden an der

16 »Signifikante Andere« ist ein von George Herbert Mead eingeführter Terminus technicus; allerdings wird dieser Begriff auch in der amerikanischen Umgangssprache (vor allen Dingen in der Selbsthilfebewegung) etwa im Sinne von ›Bezugsperson‹ verwendet (A. d. Ü.).

Welt der begrüßten Person belegen. Auf der anderen Seite wird es dementsprechend eine Verpflichtung dazu geben, den anderen hinsichtlich der eigenen Lebensumstände auf den neuesten Stand zu bringen. Selbstverständlich tragen diese Verpflichtungen zur Wiederbelebung einer Beziehung bei, die sich unter anderen Umständen aus Mangel an Gelegenheiten verflüchtigt hätte; dessenungeachtet liefern sie aber auch die Gründe zu einer erneuten Kontaktaufnahme und verschaffen einen leichten Einstieg ins Gespräch. Deshalb muß man wohl zugeben, daß die Verpflichtung, eine Biographie in unserem Bekanntenkreis aktiv aufrechtzuerhalten (und ihnen zu versichern, daß sie dies auch uns gegenüber können) nicht nur der Baustoff ist, aus dem die sozialen Beziehungen der einander Begegnenden bestehen; sie spielt auch eine wesentliche Rolle für die innere Organisation der dabei ablaufenden Interaktionen. Die Leistung für die Interaktionsordnung liegt ebenso klar vor Augen, denkt man an die Verpflichtung, die Vornamen unserer Bekannten immer im Gedächtnis zu halten, so daß wir sie als Vokative jederzeit in Mehrpersonengesprächen einbringen können. Letztendlich sind Vornamen, zu Beginn einer Äußerung verwendet, ein wirkungsvolles Mittel, um den an den Interaktionen beteiligten Zuhörern anzuzeigen, wer von ihnen gerade angesprochen wird.

Ebenso, wie eng miteinander Verbundene dazu verpflichtet sind, Grußbotschaften auszutauschen, wenn sie sich zufällig in gegenseitiger unmittelbarer Reichweite befinden, so haben sie, nach einer angemessenen Zeitspanne, in der sie sich nicht getroffen haben, die Pflicht, ein Treffen zu vereinbaren, entweder durch einen Telefonanruf oder durch einen Brief, oder indem sie gemeinsam einen Termin zur Verabredung einer unmittelbaren Begegnung vereinbaren, wobei diese Vereinbarung selbst einen Kontakt darstellt, bei dem eben nichts anderes gemacht wird, als eine Verabredung auszumachen. An diesen »fälligen Treffen« kann man ersehen, daß Begegnungen ganz und gar aus der Interaktionsordnung herausgeschnitten werden und als eines der Güter gelten, für die in Beziehungen gegenseitig Sorge getragen werden muß.

IX.

Obwohl es von einigem Interesse ist, die Zusammenhänge zwischen der Interaktionsordnung und den sozialen Beziehungen herauszuarbeiten, gibt es ein anderes Thema, das offensichtlich dringlicher nach Bearbeitung verlangt: das, was in der traditionellen Soziologie als diffuser sozialer Status oder (in einer anderen Version) als wesentliche status-bestimmende Merkmale bezeichnet wird. Zum Abschluß möchte ich hierzu einige Überlegungen anstellen.

Man könnte sagen, daß es in unserer Gesellschaft vier wichtige diffuse Statuskategorien gibt: Alter, Geschlecht, Klasse und ethnische Zugehörigkeit. Obwohl sich diese Merkmale und die dazugehörigen sozialen Strukturen recht unterschiedlich auf die Gesellschaft auswirken (wobei vermutlich Klasse und ethnische Zugehörigkeit noch am engsten miteinander verbunden sind), teilen sie alle zwei wichtige Eigenschaften.

Zum ersten bilden sie ein Raster sich überschneidender Linien, in dem jedes Individuum durch den Bezug auf jede der vier Statuskategorien verortet werden kann.

Zum zweiten verdankt sich die Verortung hinsichtlich aller vier Attribute offenkundig den Anzeichen, die wir mittels unseres Körpers in soziale Situationen einbringen, ohne daß vorherige Informationen über uns erforderlich wären. Ob wir nun in einer besonderen sozialen Situation *individuell* identifiziert werden können oder nicht, schon beim Eintreten in diese soziale Situation können wir jedenfalls fast immer hinsichtlich aller vier Attribute *kategorisch* identifiziert werden. (Falls dies nicht möglich ist, treten soziologisch sehr aufschlußreiche Schwierigkeiten auf.) Die leichte Wahrnehmbarkeit dieser genannten Züge in sozialen Situationen ist natürlich keineswegs nur ein Zufall; in den meisten Fällen stellt die Sozialisation auf subtile Art und Weise sicher, daß unsere Verortung hinsichtlich dieser Attribute besser wahrnehmbar ist, als sie es ohne die Sozialisation wäre. Ein schwer wahrnehmbares Attribut könnte, zumindest in der modernen Gesellschaft, sicherlich kaum zu einem status-bestimmenden Merkmal werden. Das soll jedoch nicht heißen, daß diese angezeigten Merkmale der vier diffusen Statuskategorien um so wichtiger für unsere Gesellschaft sind, je besser wahrnehmbar sie sind. Genausowenig wie die Wahrnehmbarkeit eines Merkmals alleine gewährleistet, daß die Gesellschaft aus ihm strukturellen Nutzen zieht.

Dieses schematische Bild der diffusen Statuskategorien im Hinterkopf, wenden wir uns einem Musterbeispiel der Art zu, mit der es die mikrosoziologische Analyse zu tun hat: der Kategorie von Ereignissen, in denen ein »Dienstleistender« in einer zu diesem Zwecke präparierten Umgebung mechanisch und regelmäßig eine Reihe von Gästen oder Klienten mit Gütern einer bestimmten Art versorgt, typischerweise entweder im Austausch für Geld oder als ein in bürokratische Prozesse eingebauter Vermittlungsschritt, kurz: »Dienstleistungstransaktion«. Dabei liegt hier das Augenmerk auf den sozialen Situationen, in denen Bedienende und Bediente gleichzeitig anwesend sind, im Unterschied zu solchen Geschäften, die am Telefon, per Post oder mittels Automaten abgewickelt werden. Das institutionalisierte Format, dem diese Dienstleistungen folgen, ist in einen breiteren kulturellen Komplex eingebettet, der vom parlamentarischen Protokoll über Verkehrsregeln bis zu anderen Formalisierungen des Gewährens von Vorrang reicht.[17]

In der heutigen Gesellschaft nimmt fast jeder täglich Dienstleistungen in Anspruch. Unabhängig von der Bedeutung, die diese Transaktionen für die Empfänger letztlich haben, wird ihnen die Art und Weise, in der sie in diesen Situationen behan-

17 Bei Goffmans Beschreibung sollten Kulturunterschiede mitbedacht werden: Das Anstellen in Schlangen ist in der amerikanischen und angelsächsischen Kultur weitaus häufiger als in der – in dieser Hinsicht auffällig ungeregelten – bundesdeutschen ›Ellenbogen-Kultur‹, und entsprechend ausgeprägter ist der Eindruck der Gleichbehandlung im amerikanischen Kulturraum. Vgl. dazu etwa L. Mann, Queue culture: The waiting line as a social system, in: American Journal of Sociology 75 (1974), 340-54; auch die Erwartungen an die Höflichkeit der Dienstleistenden sind höher, wie schon etwa Rob Hanford andeutet: Complaints in paradise. Using ethnography in customer relations, in: Michael Owen Jones u.a. (Hg.), Inside Organizations. Newbury Park (Sage) 1988, 63-78 (A. d. Ü.).

delt werden, ein Gefühl für ihre eigene Position in einem größeren gesellschaftlichen Zusammenhang vermitteln.

Bei beinahe allen heutigen Dienstleistungstransaktionen scheint ein grundlegendes Einvernehmen darüber zu bestehen, daß alle potentiellen Klienten auf »dieselbe« oder die »gleiche« Art behandelt werden und daß niemand bevorzugt oder benachteiligt wird. Man braucht natürlich nicht auf das demokratische Ideal zurückzugreifen, um eine Erklärung für die Durchsetzung dieser Ordnung zu finden, denn alles in allem bietet dieser moralische Grundsatz ein sehr erfolgreiches Rezept für die Routinisierung und Abwicklung von Dienstleistungen.

Das Prinzip der Gleichbehandlung in Dienstleistungs-Transaktionen hat einige unverkennbare Folgen. Muß man mit mehr als einem potentiellen Klienten zur selben Zeit fertig werden, dann scheint die Aufstellung der Klienten in Reihen, die anscheinend der Regel »zuerst gekommen, zuerst bedient« folgt, eine methodische und faire Lösung des Problems zu sein. Diese Regel erzeugt eine zeitliche Ordnung, die den Einfluß der unterschiedlichen Statuskategorien und sozialen Beziehungen vollständig blockiert, die die Klienten in die Dienstleistungssituation einbringen – Merkmale, die außerhalb der Situation von beträchtlicher Wichtigkeit sind. (Das ist übrigens auch ein Musterbeispiel für »lokale Determination« als ein Blockmittel.) Dieser Regel folgend, werden die Klienten versuchen, wenn sie eine Stätte der Dienstleistung betreten, aus freien Stücken zu ihrem eigenen Vorteil das lokal übliche Wartesystem auszumachen (ob man etwa numerierte Zettel aus einem Automaten ziehen oder seinen Namen auf eine Liste setzen muß; ob eine Menschenschlange erforderlich macht, Körper zur Markierung der Position zu verwenden oder ob man sich an der individuellen Identität der bereits Anwesenden und der nach der eigenen Ankunft eintreffenden Personen orientieren muß). Von den Klienten kann als stillschweigend vorausgesetzter Bestandteil ihrer Alltagskompetenz auch erwartet werden, daß sie sich in unterteilte Menschenschlangen einreihen, die verschiedenen Angestellten zugeordnet sind. Damit der eigene Platz respektiert werden kann, haben natürlich auch die Mitanstehenden untereinander Disziplin beim Anstehen zu wahren, unabhängig davon, in welcher Beziehung sie zu den Dienstleistenden stehen.

Neben dem Prinzip der Gleichheit ist eine weitere Regel in heutigen Dienstleistungstransaktionen allgegenwärtig: die Erwartung, daß jeder, der um eine Dienstleistung ersucht, mit einer »höflichen« Behandlung rechnen kann. Dazu gehört z.B., daß das Bedienungspersonal rasch auf das Ersuchen um eine Dienstleistung eingeht und daß es mit Worten, Gesten und Manieren anzeigt, daß es den Ersuchenden anerkennt und Vergnügen an der Begegnung hat. Das beinhaltet (wenn es mit dem Prinzip der Gleichheit in Verbindung gebracht wird), daß einem Klienten, der nur eine sehr geringfügige Dienstleistung in Anspruch nehmen will, nicht weniger Aufmerksamkeit gewidmet wird als einem Klienten, der eine sehr aufwendige verlangt. Hier hat man es mit der Institutionalisierung – eigentlich mit der Kommerzialisierung – von Achtung zu tun und ferner mit etwas, das die Routinisierung der Dienstleistung zu erleichtern scheint.

Die zwei erwähnten Regeln – gleiche Behandlung und höfliche Behandlung – einmal vorausgesetzt, können die Teilnehmer an Dienstleistungen davon ausgehen, daß keinem der außerhalb der Dienstleistungstransaktion relevanten Merkmale Beachtung geschenkt und nur den in der Transaktion hervorgebrachten Merkmalen zugebilligt wird, in der Situation eine Rolle zu spielen, d.h. »wer zuerst kommt, mahlt zuerst«. Tatsächlich ist das ein Standardspruch. Doch was dann in Wirklichkeit geschieht, wenn der Klient auf dieser Art normaler Behandlung besteht, ist eine sehr verwickelte und ungewisse Angelegenheit.

Betrachten wir zum Beispiel die unausgesprochenen Annahmen darüber, wer als ernsthafter Empfänger von Dienstleistungen in Frage kommt. Situativ wahrnehmbare Eigenschaften hinsichtlich Alter, Nüchternheit, Sprachfähigkeit und Solvenz müssen erfüllt sein, damit Individuen zugestanden wird, als Kunden Zugang zu Dienstleistungen zu erhalten. (Die Bestellung »einen Becher Kaffee zum Mitnehmen« wird nicht mit der lakonischen Nachfrage »Milch oder Zucker?« erwidert, wenn sie von einem Stadtstreicher aufgegeben wird; wenn man am Ladentisch einer Krankenhausapotheke in Westphiladelphia die höfliche Bitte nach »Zwanzig 5-Milligramm Valium-Tabletten« stellt und das Rezept vorlegt, wird man vermutlich mit der Antwort konfrontiert, »Womit wollen sie bezahlen?«; und überall in den Vereinigten Staaten kann der Versuch, alkoholische Getränke zu erwerben, zur Aufforderung führen, einen Altersnachweis vorzulegen.)

Abgesehen von solchen Zugangsbeschränkungen kann man sehr wahrscheinlich einvernehmlich vorgenommene Lokkerungen der Regeln des Anstehens finden. Zum Beispiel können eintretende Personen, die auf eine Menschenschlange stoßen, mildernde Umstände fordern oder geltend machen, um bevorzugte Behandlung bitten und dieses besondere Privileg auch gewährt bekommen (sie bekommen es auch angeboten, wenn ihre Not offensichtlich ist) von der Person, deren Position in der Schlange als erste von dieser Konzession betroffen wird. Die Kosten der Gewährung dieses Privilegs fallen auch auf die anderen Teilnehmer der Schlange zurück, die hinter dem Gewährenden stehen, aber es scheint, daß sie ihn im allgemeinen willig zu dieser Entscheidung ermächtigen und sich damit abfinden. Eine gängigere Lockerung der Regeln erfolgt dann, wenn der Kopf der Schlange freiwillig den Platz mit der dahinterstehenden Person wechselt (oder von ihr darum gebeten wird), weil diese in sichtlicher Eile ist oder den Anschein vermittelt, ein Anliegen zu haben, das die Zeit der Bediensteten nur sehr kurz in Anspruch nimmt – ein Tausch, der die anderen schlangestehenden Parteien nicht tangiert.

Doch müssen noch weitere einvernehmliche Abmachungen berücksichtigt werden. Dienstleistungstransaktionen können so ausgeführt werden, daß die Bedienenden den Bedienten nicht einmal zu Gesicht bekommen. (Dies ist übrigens der Grund, weshalb wir von einer »Dienstleistungstransaktion« reden und nicht von einer »Dienstleistungsbegegnung«.)

Unter gewöhnlichen Umständen gilt jedoch, daß sich die Blicke treffen, die gegenseitigen Verpflichtungen akzeptiert und, typischerweise zur Eröffnung oder zum Abschluß einer Äußerung, höfliche Anredeformen bei den ersten Treffen gebraucht werden (besonders von Seiten der Bedienenden). In unserer Gesellschaft bedeutet das die Verwendung geschlechtsmarkierter Vokative und eine Färbung des Verhaltens, die der Geschlechterkonstellation in der Transaktion angemessen erscheint. (Man beachte, daß Titel zwar immer weggelassen werden können, wenn sie aber gebraucht werden, müssen sie das Geschlecht korrekt wiedergeben.) Wenn die Bedienten noch nicht erwachsen sind, dann wird sich das sehr wahrscheinlich in der Wahl der Vokative und im »Sprachregister« der Bedienenden widerspiegeln.

Wenn sich Bedienende und Bediente gegenseitig persönlich mit Namen kennen und miteinander in einer sozialen Beziehung stehen, dann wird die Transaktion wahrscheinlich mit einem Beziehungsritual eröffnet und abgeschlossen: Wahrscheinlich werden im Laufe des Austauschs individuell identifizierende Anreden verwendet und von Erkundigungen und guten Wünschen begleitet, wie sie in Standardbegrüßungen und -verabschiedungen zwischen Bekannten vorkommen. Solange diese Schübe von Eröffnungen und Beendigungen der Geselligkeit nur als der Transaktion untergeordnet betrieben werden und solange die anderen wartenden Personen nicht den Eindruck haben, daß ihr Fortkommen in der Schlange davon behindert wird, kann vermutlich auch nicht der Eindruck aufkommen, als würde die Regel der gleichen Behandlung verletzt. Der Umgang mit persönlichen Beziehungen wird gewissermaßen eingeklammert.

Ich habe hier in schematischen Begriffen Elemente der Struktur der Dienstleistungstransaktion skizziert, die so institutionalisiert und autorisiert sind, daß ihr Vorkommen in einer einzelnen Dienstleistungssituation den Anwesenden als nichts wesentlich oder rituell Auffälliges oder Unannehmbares oder Ungewöhnliches erscheint. Dies im Hinterkopf, können wir uns zwei wichtigen Merkmalen zuwenden, die mit der Behandlung von diffusen Statuskategorien in Dienstleistungstransaktionen zu tun haben.

Zum ersten sollte man festhalten, daß Personen, die um eine Dienstleistung ansuchen, sich (zu Recht oder zu Unrecht) nicht selten ungerecht und unhöflich behandelt fühlen. Tatsächlich können die verschiedenen Elemente der Standardstruktur der Dienstleistung auf beinahe unendlich viele Weisen »umgemodelt«, ausgenutzt oder verdeckt gebrochen werden. Und genauso wie der eine Kunde auf solche Art benachteiligt werden kann, kann ein anderer ungerechterweise bevorzugt werden. Für gewöhnlich nehmen diese Brüche die Form bestreitbarer Akte an, solcherart, daß ihre Anstößigkeit von den Handelnden abgestritten werden kann, sollten sie öffentlich zur Rede gestellt werden. Und natürlich kann auf diesem Pfade offiziell irrelevanten, extern verankerten Attributen auf alle möglichen Arten »Ausdruck« verliehen werden, seien diese nun an diffuse soziale Statuskategorien gebunden, an persönliche Beziehungen oder an die »Persönlichkeit«. Um diese Wirkungen zu verstehen, muß man sie, glaube ich, bis zu dem genauen Punkt in der Struktur der Dienstleistungen zurückverfolgen, an dem sie auftreten, und man muß auch erkennen, daß keine einfache Formulierung ausreicht, dieses Gemisch aus offiziellen und inoffiziellen Relevanzen auf den Begriff zu bringen, das den persönlichen Attributen von Bediensteten und Bedienten zugestanden wird. Wo an einem strukturellen Punkt Konzessionen an Attribute gemacht werden können, werden sie an einem anderen durch strengste Gegenmaßnahmen verhindert. Wiederum stoßen wir auf einen institutionalisierten, in seiner Struktur recht differenzierten (dabei kulturell und zeitlich gebundenen) Rahmen, der als Ressource zur Erreichung der unterschiedlichsten Ziele dient, unter denen die informelle Diskriminierung im herkömmlichen Sinne lediglich eines darstellt.

Zum zweiten sollte man den Begriff der »Gleichheit« oder den der »gerechten Behandlung« nicht zu einfach verstehen. Es läßt sich schwerlich behaupten, daß eine in gewisser Weise objektiv begründete gleiche Behandlung überhaupt jemals vorkommt, abgesehen von den Fällen vielleicht, in denen die Bediensteten entlassen und durch Automaten ersetzt wurden. Es läßt sich lediglich behaupten, daß der bei den Beteiligten entstandene Eindruck gleicher Behandlung von dem, was geschieht, nicht getrübt wird, und das ist natürlich etwas ganz anderes. Der Eindruck, daß »lokale Determinierung« vorherrscht, sagt wenig darüber aus, was, »objektiv gesehen«, tatsächlich vor sich geht.

All das geht deutlich aus dem hervor, was über die zulässigen Formen gesagt wurde, in denen persönliche Beziehungen in Dienstleistungen berücksichtigt werden dürfen. Die Bewältigung des Schlangestehens gibt uns hierzu noch ein weiteres Beispiel an die Hand. Schlangen regeln die Position in einer Ordnung, die »lokal« durch »wer zuerst kommt, mahlt zuerst« geregelt wird. Aber wie lange man auf eine Dienstleistung warten muß, hängt nicht einfach davon ab, an welcher Stelle man in der Schlange steht, sondern davon, wie zeitraubend die Geschäfte derer sind, die vor einem in der Schlange stehen. Allein, man wird angehalten, über diese letzterwähnte Zufallsgröße hinwegzusehen. Sollte die unmittelbar vor einem stehende Person unangemessen viel Zeit für die Dienstleistung beanspruchen, muß man sich für gewöhnlich auf inoffizielle, weitgehend gestische Proteste beschränken. Das Problem tritt besonders deutlich dann auf, wenn sich mehrere Menschenschlangen nebeneinander bilden. In Banken, Supermärkten und an Flughafenschaltern kommt es vor, daß Klienten aus mehreren Menschenschlangen auswählen müssen. Haben sie erst einmal wesentliche Fortschritte in der einen Schlange gemacht, können sie zur Ansicht gelangen, daß sie nicht geringe strategische Einbußen erleiden würden, wechselten sie ans Ende einer offenbar schneller voranrückenden Schlange. Die Beteiligten können sich so dem Risiko ausgesetzt sehen, in einer Schlange zu stehen, in der die Dienstleistungen mit größeren Verzögerungen erledigt werden als in anderen. Die normative Reaktion auf diese Form der ungleichen Behandlung kommt im Gefühl zum Ausdruck, Pech gehabt zu haben oder persönliche Unfähigkeit bei der Abschätzung von Unwägbarkeiten bewiesen zu haben – etwas, das zwar als situativ erzeugt verstanden werden könnte, obwohl es nicht als Folge der ungerechten Behandlung durch die Bediensteten wahrgenommen wird.

Das Beispiel mehrerer nebeneinander laufender Menschenschlangen läßt einen weiteren Aspekt veranschaulichen. Große Hotels bieten häufig mehrere Rezeptionstresen an, von denen jeder einige Initialen des Nachnamens der Gäste trägt. Die Initialen des eigenen Nachnamens sind zweifellos ein Merkmal, das man mit sich in die Situation mitbringt und nicht etwas, was in der Situation erzeugt wird, doch werden sie so wahrgenommen, als hätten sie keine soziale Bedeutung – etwas, was man schwerlich mit Gefühlen verbindet. (Beim Protokoll von Staatsempfängen wird ein ähnliches Mittel verwendet, um die ärgerlichen Probleme des Vorrangs zu umgehen, nämlich den Botschaftern Vorzug zu gewähren, die die längste Anwesenheit vorweisen können.) In solchen Fällen entsteht der Eindruck gleicher Behandlung nicht durch die Kriterien der Bevorzugung, die Anwendung finden, sondern durch die, die ausdrücklich ausgeschlossen werden.

Ein letztes Beispiel. Beim Schlangestehen für Dienstleistungen kann es geschehen, daß zwei Aspiranten den Schauplatz zur »selben« Zeit betreten. An solchen unregulierten Schnittstellen des Schlangestehens – Schnittstellen, an denen unbeabsichtigte und unerwünschte Formen der Ungleichheit auftreten können – greifen die konfligierenden Parteien von Aspiranten auf einen weiteren Satz von Regeln des Einvernehmens zurück. Sie wenden eine gewissermaßen republikanische Form der »Noblesse oblige« an, d.h. daß die Person, die stärker, fähiger oder deren sozialer Status höher erscheint, der anderen den Vorrang anbietet, wie es ein Beschützer einer schutzbedürftigen Person gegenüber tun würde. Auf diese Weise kommt es zu einer bevorzugten Behandlung, doch geht sie von der Person aus, die eigentlich in der Lage wäre, das Gegenteil zu erzwingen. Es gibt wohl keinen Zweifel daran, daß solche Szenen in Dienstleistungskontexten normalerweise kein Aufsehen erregen und bei niemandem den Eindruck erwecken, daß Regeln der Gleichbehandlung gebrochen wurden. Indessen kann die Personen, die zur Kategorie derer gerechnet werden, denen die Höflichkeit der Bevorzugung gewährt wird, natürlich das Gefühl beschleichen, von oben herab behandelt, beschützt und letzten Endes herabgesetzt worden zu sein. Es ist jederzeit möglich, daß dieser Grundstock der Diskriminierung, heute vom Individuum noch als bedeutungslos hingenommen, schon morgen Anlaß zu plötzlichen Ausbrüchen der Geringschätzung oder Privilegierung gibt.

Alles in allem läßt sich der gewöhnliche Eindruck, daß von außen eingeführte Merkmale offiziell aus Dienstleistungsangelegenheiten ausgeschlossen sind und situative Faktoren vorherrschen – sehen wir einmal von offenen (wirklichen oder eingebildeten) Brüchen ab –, als Wunschdenken charakterisieren. Denn äußere Merkmale wirken sich tatsächlich routinemäßig und systematisch auf die Dienstleistungstransaktion aus, und abgesehen von der Regel des »wer zuerst kommt, mahlt zuerst« ignoriert die Wahrnehmung systematisch verschiedene situative Faktoren. Der Eindruck gleicher Behandlung wird also in keiner Weise von dem gestützt, was – offiziell oder inoffiziell – in wirklichen Dienstleistungen geschieht. Was gestützt werden kann und gewohnheitsmäßig auch gestützt wird, ist der Ausschluß bestimmter, außerhalb der Situation angesiedelter Einflußmöglichkeiten auf spezifische strukturelle Punkte im Dienstleistungssektor. Dadurch erst entsteht der Eindruck gleicher Behandlung.

X.

Ich beschließe diesen Vortrag mit einem persönlichen Bekenntnis. Wir stimmen, wie ich glaube, alle darin überein, daß unsere Aufgabe darin besteht, die Gesellschaft zu untersuchen. Wenn Sie mich fragen, warum und zu welchem Zweck, sage ich Ihnen einfach: weil sie eben da ist. Louis Wirth, dessen Seminare ich einst besuchte, hätte diese Antwort als eine Schande angesehen.[18] Seine Antwort lautete anders, und seit seiner Zeit ist seine Antwort zum Standard geworden.

Was mich angeht, glaube ich, daß wir das menschliche Sozialleben naturalistisch, *sub specie aeternitatis*, untersuchen sollten. Aus der Sicht der physikalischen und biologischen Wissenschaften ist das menschliche Sozialleben lediglich eine kleine, schiefe Narbe auf dem Gesicht der Natur, die sich nicht sonderlich für tiefe, systematische Analysen eignet. Und so ist es auch. Aber es ist eben unsere Narbe, und bis auf einige Ausnahmen ist es erst in unserem Jahrhundert Wissenschaftlern gelungen, sie beständig auf diese Art zu betrachten, ohne aus Pietät oder aus Zwang traditionellen Themen nachzuhängen. Erst in der modernen Zeit wurden Universitätsstudenten systematisch darin ausgebildet, alle Ebenen des gesellschaftlichen Lebens mit großer Sorgfalt zu untersuchen. Ich bin nicht jemand, der behaupten würde, daß sich unsere Aussagen auf großartige Leistungen stützen könnten. Mir ist sogar zu Ohren gekommen, daß wir froh sein könnten, wenn wir unsere bisherigen Ergebnisse gegen ein paar gute begriffliche Unterscheidungen und ein kühles Bier eintauschen könnten. Doch es gibt nichts in der Welt, daß wir dafür eintauschen sollten, was wir haben: die Begabung, alle Elemente des gesellschaftlichen Lebens mit einem unverstellten und unbestechlichen Forschergeist anzugehen, und die Weisheit, dieses *Mandat* nirgendwo anders einzulösen als bei uns und in unserer Disziplin. Das ist unser Erbe, und das ist es, was wir bisher weitervererben können.

Wenn man gute Gründe braucht, um soziale Probleme zu untersuchen, dann sollte man neutrale Analysen sozialer Zusammenhänge derjenigen durchführen, die mit den Privilegien

18 Louis Wirth, 1897 in Gmünden am Main geboren, 1952 gestorben, zählt zu den bekannteren Vertretern der Chicagoer Schule. Er hat sich mit großstädtischen Phänomenen (Dissertation über »The Ghetto«, 1928) auseinandergesetzt, ist aber auch mit Beiträgen zur allgemeinen Soziologie und zur Wissenssoziologie (mit E. A. Shils übersetzte er Mannheims »Ideologie und Utopie« ins Englische) in Erscheinung getreten (A. d. Ü.).

institutioneller Macht ausgestattet sind – Priester, Psychiater, Lehrer, Polizisten, Generäle, Eltern, Regierende, Eltern, Männer, Weiße, Staatsangehörige, Medienexperten und all die anderen etablierten Personen, die durch ihre Position in der Lage sind, ihre Versionen der Wirklichkeit offiziell durchzusetzen.

3. Das Arrangement der Geschlechter[1]

I.

Das Geschlecht dient in modernen Industriegesellschaften, und offenbar auch in allen anderen, als Grundlage eines zentralen Codes, demgemäß soziale Interaktionen und soziale Strukturen aufgebaut sind; ein Code, der auch die Vorstellungen der Einzelnen von ihrer grundlegenden menschlichen Natur entscheidend prägt. Dies ist eine gängige Ansicht, doch bis vor kurzem blieb uns ihre verwirrend vielschichtige Bedeutung verborgen. Denn die herkömmliche soziologische – scheinbar ausreichend klare – Auffassung, das Geschlecht sei ein »erlerntes, diffuses Rollenverhalten«, hat frühere Generationen von Sozialwissenschaftlern offenbar eher gegen Erkenntnisse immunisiert, als daß sie dieser »Seuche« eine Ausbreitung erlaubt hätte. Diese Forscher handelten, noch deutlicher als sie es beim Phänomen der sozialen Klassen getan haben, einfach wie alle anderen Menschen: Sie stützten durch ihr eigenes Verhalten blindlings genau das, was wenigstens einige von ihnen hätten in Frage stellen sollen. Und wie in letzter Zeit üblich, mußten wir von den Betroffenen selbst an unseren eigentlichen Forschungsgegenstand erinnert werden.

Ich möchte hier versuchen, diese Fragen aus dem Blickwinkel sozialer Situationen und der darin aufrechterhaltenen öffentlichen Ordnung zu klären. (Unter einer sozialen Situation

1 Übersetzung von »The arrangement between the sexes«, in: *Theory and Society* 4 (1977), 301-331. Übersetzt von Margarethe Kusenbach und Hubert Knoblauch; Tine Kugler sei gedankt für ihre Hilfe bei den Korrekturen.

verstehe ich jeden räumlichen Schauplatz, auf dem sich eine eintretende Person der unmittelbaren Gegenwart einer oder mehrerer anderer ausgesetzt findet; und unter einer Zusammenkunft alle dort anwesenden Personen, auch wenn sie nur durch die Prinzipien der höflichen Unaufmerksamkeit oder, noch weniger, der gegenseitigen Verletzbarkeit miteinander verbunden sind.)

II.

Aufgrund ihrer biologischen Gestalt können Frauen Kinder gebären, Kinder stillen und menstruieren, Männer jedoch nicht. Zudem sind Frauen im Durchschnitt kleiner, haben leichtere Knochen und weniger Muskeln als Männer. Etwas organisatorischer Aufwand wäre nötig, wenn auch unter modernen Bedingungen nicht allzu viel, wollte man spürbare soziale Folgen dieser körperlichen Gegebenheiten verhindern. Industriegesellschaften können neue ethnische Gruppen verkraften, die beträchtliche kulturelle Unterschiede aufweisen, ebenso den ein Jahr oder länger dauernden Wehrdienst junger Männer, enorme Bildungsunterschiede, Wirtschafts- und Arbeitsmarktzyklen, die kriegsbedingte Abwesenheit von Männern jeder Generation, einschneidende jährliche Ferienperioden und zahllose andere Turbulenzen der öffentlichen Ordnung. In meinen Augen ist es ziemlich fraglich, ob unser System der sozialen Organisation überhaupt irgendwelche notwendigen Kennzeichen aufweist. Genauer gesagt: Um die – im Vergleich zu allen anderen – geringen biologischen Unterschiede als Ursachen derjenigen sozialen Konsequenzen ansehen zu können, die scheinbar selbstverständlich aus ihnen folgen, bedarf es eines umfassenden, geschlossenen Bündels sozialer Glaubensvorstellungen und Praktiken, das zusammenhängend und komplex genug ist, um die Wiederauferstehung altmodischer funktionalistischer Ansätze zu seiner Analyse zu rechtfertigen. (Vielleicht sind hierzu die traditionellen Begriffe Durkheims besonders gut geeignet, weil wir in dieser Angelegenheit alle Priester oder Nonnen sind und nur zusammenkommen müssen, damit ein anbetungswürdiger Anlaß entsteht.) Nicht die sozialen Konsequenzen der angeborenen Geschlechtsunterschiede bedürfen also einer Erklärung, sondern vielmehr wie diese Unterschiede als Garanten für unsere sozialen Arrangements geltend gemacht wurden (und werden) und, mehr noch, wie die institutionellen Mechanismen der Gesellschaft sicherstellen konnten, daß uns diese Erklärungen stichhaltig erscheinen. (In der Tat könnte man behaupten, daß die wichtigste Errungenschaft der Frauenbewegung nicht die unmittelbare Verbesserung der Lebensumstände vieler Frauen ist, sondern die Schwächung derjenigen dogmatischen Überzeugungen, die ehemals die geschlechtsspezifische Arbeits- und Einkommensteilung untermauert haben.) Bei all dem haben wir es mit etwas zu tun, das »institutionelle Reflexivität« genannt werden könnte – um einen neumodischen Ausdruck für einen alten kulturanthropologischen Grundsatz zu verwenden.

III.

In allen Gesellschaften werden Kleinkinder bei ihrer Geburt der einen oder anderen *Geschlechtsklasse* zugeordnet, wobei diese Zuordnung durch das Ansehen des nackten Kinderkörpers, insbesondere der sichtlich dimorphen Genitalien geschieht – eine Zuordnungspraxis, die derjeningen ähnelt, die bei Haustieren vorgenommen wird. Diese Zuordnung aufgrund der körperlichen Gestalt erlaubt die Verleihung einer an das Geschlecht gebundenen Identifikationsetikette (Mann-Frau, männlich-weiblich, Junge-Mädchen, er-sie). In den verschiedenen Phasen des individuellen Wachstums wird diese Klassifizierung durch Kategorien für weitere körperliche Anzeichen bestätigt, von denen einige dem allgemeinen Wissensbestand angehören, andere (wenigstens in modernen Gesellschaften) von den Wissenschaften entwickelt wurden und beispielsweise als Chromosomen, Gonaden und Hormone bezeichnet werden. Jedenfalls betrifft die Einordnung in die Geschlechtsklassen fast ausnahmslos die gesamte Population und beansprucht lebenslange Geltung.[2] Somit liefert sie ein Musterbeispiel, wenn nicht sogar den Prototyp einer sozialen Klassifikation. Zudem scheint uns in modernen Gesellschaften die soziale Einteilung in Frauen und Männer in völligem und getreuem Einklang mit unserem »biologischen Erbe« zu stehen und kann daher unter keinen Umständen verleugnet werden. Hier haben wir es mit einer einzigartigen Übereinstimmung zwischen dem unmittelbaren Verständnis der einfachen Leute und den Erkenntnissen aus Forschungslaboratorien zu tun. (So sind Laien auch bereit, der berühmten These Margaret Meads zuzustimmen, die besagt, daß der Charakter kulturell und nicht biologisch determiniert ist; daß Frauen ziemlich fähige Zahnärzte und sogar Feuerwehrleute sein können; daß es bloß eine auf die Sprache beschränkte Einseitigkeit sei, deren Regeln vorschreiben, daß (im Deutschen) »er« statt »sie«, »Mann« statt »Frau«, »sein« statt »ihr« bevorzugt verwendet werden, daß in Sätzen, die beide Geschlechter verbinden, »man« an die Stelle der Menschheit treten und »sein« als korrektes Possesivpronomen für neutrale Begriffe wie »Individuum« gelten kann und daß männliche Formen keiner besonderen Markierung bedürfen. Obwohl aber Laien diese Konzessionen machen, sehen sie, ebenso wie Margaret Mead (und anscheinend auch ich), keinen Grund zu bestreiten, daß die Worte »er« und »sie« als Bezeichnungen für die infragestehenden Personen völlig angemessen sind).

Ich möchte deshalb wiederholen, daß ich unter dem Begriff »Geschlechtsklasse« (»sex class«) eine rein soziologische Kate-

---

2 Sicherlich gibt es bei der Geburt Fälle von vorübergehender Fehlzuschreibung, desweiteren Fälle, in denen uneindeutige körperliche Merkmale vorliegen (Intersexualität), schließlich soziale und seit kurzem auch operative Geschlechtsumwandlungen. Es sollte aber genauso selbstverständlich sein, daß diese drei Fallgruppen Ausnahmen darstellen, daß ihre Bedeutung auf der Tatsache beruht, daß sie Ausnahmen sind und daß die Zuordnung zu einer Geschlechtskategorie im Vergleich zu allen anderen Zuordnungen sehr streng vollzogen wird.

gorie verstehe, die sich allein auf diese Disziplin und nicht auf die Biowissenschaften bezieht.

In allen Gesellschaften bildet die anfängliche Zuordnung zu einer Geschlechtsklasse den ersten Schritt in einem fortwährenden Sortierungsvorgang, der die Angehörigen beider Klassen einer unterschiedlichen Sozialisation unterwirft. Von Anfang an werden die der männlichen und die der weiblichen Klasse zugeordneten Personen unterschiedlich behandelt, sie machen verschiedene Erfahrungen, dürfen andere Erwartungen stellen und müssen andere erfüllen. Als Folge davon lagert sich eine geschlechtsklassenspezifische Weise der äußeren Erscheinung, des Handelns und Fühlens objektiv über das biologische Muster, die dieses ausbaut, mißachtet oder durchkreuzt. Jede Gesellschaft bildet auf diese Weise Geschlechtsklassen aus, wenn auch jede auf ihre je eigene Art. Aus der Perspektive des Forschers, der Individuen typisiert, kann dieser Komplex als »soziales Geschlecht«[3] bezeichnet werden; soll eine Gesellschaft charakterisiert werden, kann dieser Komplex ›*geschlechtsspezifische Subkultur*‹ genannt werden. Obwohl das soziale Geschlecht (»gender«) keine biologische, sondern nahezu völlig eine soziale Folge der Funktionsweisen einer Gesellschaft ist, findet diese Folge einen sichtbaren Ausdruck. Sicherlich kann eine ganze Population im Unwissen über einen bestimmten Geschlechtsunterschied leben oder sogar eine falsche Auffassung davon haben, und dennoch kann dieser Unterschied vorhanden sein, nicht aufgrund der Biologie, sondern aufgrund der sozialen Erfahrungen, die die Angehörigen der jeweiligen Geschlechtsklassen miteinander teilen.

Jede Gesellschaft scheint ihre eigenen Konzepte davon zu entwickeln, was das »Wesentliche« und das Charakteristische

3 Goffman nutzt hier die in der englischen Sprache gebräuchliche Unterscheidung zwischen »sex« und »gender«. Damit wird (vor allem seit den begrifflichen Klärungen durch Robert Stoller) ein Unterschied möglich zwischen dem biologisch zugeschriebenen Geschlecht (»sex«) auf der einen Seite und dem sozial zugeschriebenen und kulturell definierten Geschlecht (»gender«) auf der anderen Seite. Weil eine entsprechende Unterscheidung im Deutschen fehlt, mußten dafür Hilfskonstruktionen gebildet werden. Wenn nicht ausdrücklich vermerkt, versteht Goffman unter »Geschlecht« im folgenden immer »gender« (A. d. Ü.).

an den beiden Geschlechtsklassen ist, wobei diese Konzepte sowohl lobens- als auch tadelnswerte Züge einschließen. Dazu gehören Idealbilder von Männlichkeit und Weiblichkeit, weiterhin Vorstellungen von der grundsätzlichen Natur des Menschen, die (zumindest in den westlichen Kulturen) wesentlich zur Bestimmung dessen beitragen, was die ganze Person sein soll. Diese Konzepte stellen einen Fundus an Erklärungen zur Verfügung, der auf tausenderlei Arten zur Entschuldigung, Rechtfertigung, Erläuterung oder Mißbilligung von individuellen Handlungsweisen oder Lebensumständen genutzt werden kann. Diese Erklärungen können sowohl von den Betroffenen geliefert werden wie auch von den Personen, die sich stellvertretend für die Betroffenen bemüßigt fühlen, Gründe zu liefern. Normen von Männlichkeit und Weiblichkeit beziehen sich also auf objektive (obwohl zum größten Teil sozial erworbene) Unterschiede zwischen den Geschlechtsklassen, sie stimmen aber, wie gesagt, nicht völlig mit diesen Unterschieden überein: Einige dieser Unterschiede decken die Normen nicht ab, andere ordnen sie falsch zu, und offensichtlich erklären sie eine ganze Reihe dieser Unterschiede mithilfe einer fragwürdigen Lehre – in unserer Gesellschaft mit der Lehre von der biologischen Festlegung.

Insoweit nun das Individuum ein Gefühl dafür, was und wie es ist, durch die Bezugnahme auf seine Geschlechtsklasse entwickelt und sich selbst hinsichtlich der Idealvorstellungen von Männlichkeit (oder Weiblichkeit) beurteilt, kann von einer *Geschlechtsidentität* (»gender identity«) gesprochen werden. Anscheinend ist diese Quelle zur Selbstidentifikation eine der wichtigsten, die unsere Gesellschaft zur Verfügung stellt, vielleicht noch wichtiger als Alterstufen. Droht eine Trübung oder Veränderung dieser Idealbilder, so wird dies niemals auf die leichte Schulter genommen.

Den Begriff »Sexualität« (»sexuality«) möchte ich auf Handlungsmuster beziehen, die mit sexueller Stimulierung und sexueller Erfahrung zu tun haben, und mit den Verlokkungen zu diesen Handlungsweisen, welche kulturspezifische Formen der äußeren Erscheinung, der Kleidung, des Stils, der Gesten und ähnlichem, annehmen. Offensichtlich ist ein großer Teil des Sexualverhaltens an die Geschlechtsklassen gebunden und macht deshalb auch einen Teil des sozialen Geschlechts aus. Wahrscheinlich gibt es jedoch sexuelle Praktiken, die nicht nur in einer Geschlechtsklasse vorkommen, sondern gleichermaßen in beiden auftreten. Wichtiger ist jedoch, daß die Sexualität einen biologischen Lebenszyklus aufzuweisen scheint, demgemäß sie in der Kindheit in sehr geringem Maß ausgeprägt ist, im jungen Erwachsenenalter dagegen sehr stark, und sich dann im höheren Alter wieder legt. Dieser Zyklus findet natürlich seinen Ausdruck in der Ausbildung und Rückbildung der sogenannten sekundären Geschlechtsmerkmale, die hier deswegen von Belang sind, weil die sozialen Idealbilder von Männlichkeit und Weiblichkeit oft an diese Merkmale geknüpft sind. Das Geschlecht als solches entwickelt sich indessen kaum. Eine Ausnahme bildet die Sitte einiger Gesellschaften, junge Männer in bestimmten Hinsichten als Bestandteil der Frauengruppe anzusehen. In diesen Fällen wandelt sich das von der Geschlechtsklasse abhängige Verhalten während des Lebenslaufs eines Individuums in einer geregelten, vorgegebenen Art und Weise und spiegelt nicht unbedingt eine einheitliche innere Entwicklung wider. Es sollte klar geworden sein, daß soziales Geschlecht und Sexualität nicht ein und dieselbe Sache sind; in meinen Augen wenigstens versucht ein siebenjähriger Junge, der seiner Großmutter mannhaft aus freien Stükken mit ihren schweren Paketen hilft, nicht, bei ihr zu landen.

Anscheinend stehen die *Glaubensvorstellungen* von sozialem Geschlecht, Männlichkeit, Weiblichkeit und Sexualität in einem engen Wechselspiel mit dem tatsächlichen Verhalten der Geschlechter, und hier spielt vermutlich auch popularisiertes sozialwissenschaftliches Wissen eine wichtige Rolle. Forschungserkenntnisse über das soziale Geschlecht und die Sexualität, seien sie nun gut oder schlecht begründet, werden den normativen Vorstellungen von Männlichkeit bzw. Weiblichkeit selektiv – und manchmal erstaunlich schnell –

einverleibt. Durch eine solche Quelle gestärkt, können sich diese Idealbilder dann als selbsterfüllende Prophezeiungen auf das tatsächliche Verhalten der Geschlechter auswirken. Dennoch sind die Glaubensvorstellungen von Männlichkeit-Weiblichkeit und Sexualität selbst kein Bestandteil des sozialen Geschlechts. Wenn sie auf andere Weise verknüpft werden als zwischen den Geschlechtsklassen, können sie jedoch zu einem wesentlichen Teil des sozialen Geschlechts werden.

Jede der beiden Geschlechtsklassen unterstützt ihr eigenes Muster interner sozialer Beziehungen, aus dem dann Institutionen wie Männerbünde (old boy networks), Stammtische, Frauenzirkel[4] und ähnliches hervorgehen.

Zwei abschließende Mahnungen. Wenn wir uns auf ein Merkmal des sozialen Geschlechts beziehen, nennen wir es kurz »geschlechtsspezifisch« (oder »geschlechtsabhängig«), um die eher umständliche Wendung »geschlechtsklassenspezifisch« zu vermeiden. Natürlich ist es auch sehr naheliegend, von »den Geschlechtern«, dem »Gegengeschlechtlichen«, dem »anderen Geschlecht« und so weiter zu reden, und auch ich werde das tun. Dennoch ist diese Verkürzung mit Gefahren verbunden, insbesondere weil sich diese Begrifflichkeiten mit unseren kulturellen Stereotypen decken. Man sollte sich aber das Geschlecht eher als eine Eigenschaft von Organismen vorstellen, nicht als eine ihrer Klassen. Zweifellos hängen »sekundäre Geschlechtsmerkmale« mit der Sexualität zusammen, doch führt es in die Irre, diese Attribute als geschlechtsspezifisch zu bezeichnen. Denn so deutet man implizit die Existenz einer Personenkategorie an, die im Grunde durch biologische Aspekte definiert wird und auch so definierbar ist. Wie gesagt können die sekundären Geschlechtsmerkmale im großen und ganzen tatsächlich mit den Geschlechtsklassen in Verbindung gebracht werden. Beide Klassen weisen aber eine Reihe nicht biologisch bedingter Eigenschaften und Verhaltensweisen auf, in denen

4 Vgl. Carroll Smith-Rosenberg, »The Female World of Love and Ritual: Relations between Women in Nineteenth-Century America«, in: *Signs* 1/1 (1975), Seite 1-30, bes. 9ff.

sie sich zusätzlich unterscheiden. Dahinter verbirgt sich jedoch offensichtlich ein noch viel schwierigeres Problem. Haben wir uns erst einmal auf die Definition einer Klasse von Personen geeinigt, in unserem Fall auf die des Geschlechts, dann erscheint uns leicht jedes passende Etikett, das wir ihren Mitgliedern anheften – in unserem Fall »Männer«, »Frauen«, »männlich«, »weiblich«, »er«, »sie« – zur Charakterisierung, Symbolisierung und erschöpfenden Abbildung dieser Klasse angemessen. So erklärt man eine Eigenschaft zum Eimer, in den die anderen Eigenschaften lediglich hineingeleert werden.

Die zweite Mahnung bezieht sich auf die Begriffe »Charakterzüge«, »Eigenschaften« und »Handlungsweisen«. Ein Beispiel: Buben prügeln sich auf normalen amerikanischen Mittelschichtsspielplätzen häufiger als Mädchen, und darum könnte man Prügeln als eine Handlungsweise der männlichen Geschlechtsklasse ansehen. Wenn ich hier von einer Handlungsweise »der männlichen Geschlechtsklasse« spreche, meine ich damit, daß dieses Verhalten nicht nur irgendwie von einzelnen männlichen Körpern ausgeführt wird, sondern daß es auch durch etwas motiviert und gestaltet ist, das den einzelnen Körpern innewohnt. Ich meine, daß dieses Verhalten nicht bloß als eine Reaktionen der Individuen auf eine formal festgesetzte Regel angesehen werden kann. Man könnte hier von einem *Genderismus*[5] sprechen, das heißt von einer geschlechtsklassengebundenen individuellen Verhaltensweise. Erinnern wir uns an die in der letzten Generation auf Schulhöfen übliche Praxis, Schüler und Schülerinnen, bevor sie nach einer Pause wieder die Schule betraten, vor der Tür in zwei nach Geschlechtern getrennten Schlangen aufzustellen, vermutlich damit sie beim Eintreten Zucht und Ordnung bewahrten. Obwohl nun eine solche Aufstellung zweifellos Glaubensvorstellungen über die Unterschiede der Geschlechtsklassen zum Ausdruck brachte und obwohl sie si-

5 Weder der Begriff der Geschlechtsideologie noch der Ausdruck »Geschlechtstypik« geben diese gleichsam als Habitus inkorporierte Geschlechtsideologie im Deutschen ausreichend wieder (A. d. Ü.).

cherlich aus geschlechtsklassenabhängigem Verhalten gebildet war, können die von den jeweiligen Geschlechtsgenossen und -genossinnen gebildeten Schlangen dennoch nicht einfach als eine Verhaltensweise angesehen werden, die von Personen verantwortet und ausgeführt wurde, also als ein Genderismus. Wenn überhaupt, dann haben wir es hier höchstens mit einem institutionalisierten Genderismus zu tun, mit dem Verhaltensmerkmal einer Organisation und nicht mit dem einer Person. Das In-der-Schlange-stehen könnte zwar als von Individuen vollzogen gelten, es bliebe dann aber als solches nicht länger geschlechtspezifisch, da es sich ja um eine Verhaltensweise handelt, die beide Klassen gleichermaßen aufweisen. Wir könnten hinzufügen, daß die Schlangen selbst nur ein einfaches – sogar ein geometrisches – Beispiel für eine *parallele Organisation* sind, für ein Arrangement, in dem ähnliche Dienstleistungen, ähnliche Rechte und Pflichten aufgeteilt werden. Wie bei den parallelen Organisationen, die sich an anderen binären sozialen Klassifizierungen festmachen – Schwarze-Weiße, Erwachsene-Kinder, Offiziere-Rekruten und so weiter –, bietet die auf dem Geschlecht basierende parallele Organisation einen leicht handhabbaren Ausgangspunkt für die Etablierung einer unterschiedlichen Behandlung der Geschlechter, wobei die angedeuteten Entwicklungen mit den behaupteten Charakterunterschieden zwischen den beiden Klassen vereinbar und stimmig zu sein scheinen. Um wieder auf das einfache Beispiel zurückzukommen: Wenn Kinder einmal dazu gebracht wurden, nach Geschlechtern getrennte Schlangen zu bilden, dann kann auch leicht veranlaßt werden, daß die weibliche vor der männlichen Schlange ins Haus geht, vermutlich um dem »zarteren« Geschlecht beim Verlassen der rauhen Außenwelt den Vortritt zu geben und um so beiden Geschlechtern eine kleine Lektion über die korrekte Rücksichtnahme auf das soziale Geschlecht zu erteilen.[6]

6 Die Geschichte der parallelen Organisation der Geschlechter in der amerikanischen Gesellschaft wurde nie geschrieben.

IV.

In beinahe allen bekannten Gesellschaften scheinen sich Schlafen, Kindererziehen und (in geringerem Ausmaß) Nahrungsaufnahme tendenziell in kleinen Haushalten abzuspielen, wobei diese Funktionen – besonders in modernen Gesellschaften – um ein verheiratetes, sich fortpflanzendes Paar herum erfüllt werden. Auf diese Weise werden im allgemeinen die sozialen Rollen von Männern und Frauen deutlich ausdifferenziert. Ganz nebenbei erhalten Frauen dabei den niedrigeren Rang und weniger Macht, wird ihr Zugang zum öffentlichen Raum eingeschränkt, werden Frauen von der Kriegführung und der Jagd, häufig auch von religiösen und politischen Ämtern ausgeschlossen; insgesamt wird das Leben der Frauen in weitaus größerem Maß als das der Männer von Haushaltspflichten bestimmt. Dieses Bündel von Arrangements zieht sich als ein zentrales Kennzeichen durch alle menschlichen sozialen Organisationen hindurch, so daß die übliche Unterscheidung von primitiven und zivilisierten Gesellschaften schwierig wird. Es wäre interessant, die Ursachen dieser Tatsachen zu kennen, falls sie tatsächlich jemals enthüllt werden können. (Die enorme Vereinfachung sozialer Organisation durch die Aufgliederung nach Geschlecht und Abstammungslinien spielt dabei vielleicht eine Rolle).

Von noch größerem Interesse ist aber der ideologische Nutzen, zu dem diese Phänomene beigetragen haben. Denn dieses in allen Gesellschaften vorkommende Muster hat uns in die Lage gesetzt, die Verhältnisse in unserer eigenen industriellen Welt mit dem Verweis auf die Verhältnisse in kleinen, schriftlosen Gesellschaften zu erklären – dies gibt uns in der Tat erst ein gewisses Recht dazu, den Begriff »Gesellschaft« überhaupt zu verwenden, und hält uns dazu an, die ganze Entwicklungslinie bis zu den nichtmenschlichen Primaten zurückzuverfolgen und so zu einer grundlegend biologischen Betrachtung der menschlichen Natur zu gelangen. Meiner Meinung nach wurde die Lehre, die uns andere Gesellschaften – von anderen Gattungen ganz zu schweigen – erteilen können, bislang noch nicht stimmig genug in Form gesicherter Aussagen formuliert, die zu Lehrzwecken verwendet werden könnten, und so werde auch ich mich auf das Hier und Jetzt beschränken.

Wenn wir Frauen nur als eine unter anderen in modernen Gesellschaften benachteiligte Gruppe ansehen – was wir meiner Meinung nach tun sollten –, dann bietet sich der Vergleich mit anderen Gruppen dieser Art von selbst an. Dadurch können wir eine Antwort auf die Frage finden, wo Frauen auf der Skala der ungerecht Behandelten zu verorten sind. Vermutlich lautet die Antwort auf diesen Versuch der Verortung: nicht sehr weit unten. In der ethnischen und sozialen Schichtung der amerikanischen Gesellschaft sind die Frauen den Männern mehr oder weniger gleichgestellt; welche sozialen Vor- oder Nachteile diese Variablen auch immer für Männer haben mögen, sie gelten in gleicher Weise für Frauen. Ebenso besteht ein hohes Maß an Gleichheit zwischen den Geschlechtern im Hinblick auf die Erbregelungen, Bildungschancen (wenigstens bis zum niedrigsten akademischen Grad), individuelle Konsummöglichkeiten, die meisten gesetzlichen Rechte und die Liebe und Achtung ihrer Kinder. Die Frauen sind im Nachteil, wenn es um die Bezahlung ihrer Arbeit und um erreichte Dienstgrade geht, um den Zugang zu bestimmten Berufen und zu Kreditquellen, um das Namensrecht und um den Anspruch auf die Nutzung öffentlicher Straßen und Plätze. (Einige dieser Benachteilungen verlieren sich infolge der Modernisierung und der Bevölkerungskontrollmaßnahmen.) Und wir könnten sogar behaupten, daß Frauen in gewisser Hinsicht bevorzugt werden: Sie sind in der Regel vom Militärdienst befreit, sie werden teilweise oder ganz von bestimmten Arten körperlicher Arbeit ausgenommen, und sie genießen angenehme Höflichkeiten verschiedener Art – doch auch diese Vorteile fallen vermutlich der zunehmenden Modernisierung zum Opfer.

Diese Betrachtung der Lage der Frauen mag für die Sozialpolitik und für politische Aktionen einigen Nutzen haben, sie ist jedoch für unsere Zwecke zu grob. (Der soziologisch interessante Aspekt an einer benachteiligten Gruppe ist nicht die

Schmerzlichkeit ihrer Benachteiligung, sondern der Einfluß der Sozialstruktur auf die Entstehung und Stabilität der Benachteiligung). Der interessante Punkt ist also nicht, daß Frauen weniger bekommen, sondern in welchen Arrangements dies geschieht und welche symbolische Bedeutung diesen Arrangements zukommt.

Wenn wir davon ausgehen, daß der private Haushalt mit der vollständigen oder unvollständigen Kernfamilie eine Grundeinheit unserer Gesellschaft bildet und daß diese Grundeinheiten in eine hinsichtlich Klasse, Hautfarbe und Ethnie einigermaßen homogene Gemeinschaft eingebettet sind, und wenn wir Zwangsinstitutionen einmal beiseite lassen, dann können wir mit gutem Grund zwei Typen von benachteiligten Gruppen unterscheiden: solche, die als ganze Familien oder Wohnviertel ausgegrenzt werden können und selbst auch dazu tendieren, und solche, die das nicht tun. Schwarze sind ein Beispiel für die erste Kategorie, Körperbehinderte für die zweite. Unter den nicht-ausgegrenzten Gruppen von Benachteiligten stehen die Frauen eher am Rand. Andere nicht-ausgegrenzte Gruppen von Benachteiligten, wie etwa Blinde, stark Übergewichtige oder ehemals Geisteskranke, sind einigermaßen gleichmäßig über die Sozialstruktur verstreut. (Gewisse Konzentrationen können innerhalb bestimmter ethnischer Gruppen, Altersklassen, Schichten oder Geschlechtsklassen auftreten, ihr Vorkommen ist jedoch eher selten.) Das trifft auf Frauen nicht zu: Sie sind als Mädchen gleichmäßig auf die Haushalte verteilt und dann später, noch immer gleichmäßig, auf andere Haushalte als Ehefrauen. Im ersten Fall stellt die Natur ein Gleichgewicht zwischen den Geschlechtern her; im zweiten erlauben Gesetz und Sitte nur eine Frau pro Haushalt, fordern aber auch nachdrücklich die Anwesenheit dieser einen.

Als benachteiligte Gruppe sind Frauen, ebenso wie Dienstmädchen (und Hausdiener) also gewissermaßen ökologisch vom Umgang mit ihresgleichen abgeschnitten. Im Unterschied zu Hausbediensteten aber trägt der Gewinn, den Frauen aus den sie eigentlich trennenden Organisationen ziehen, dazu bei, sie noch mehr von ihresgleichen zu isolieren. Denn anstelle eines Arbeitgebers oder Dienstherren hat eine Frau wahrscheinlich im Laufe ihres Lebens einen Vater, einen Ehemann und Söhne, und diese Männer geben an die Frauen genügend von dem weiter, was sie selbst besitzen oder erwerben, um bei den Frauen ein starkes Interesse an der Fortsetzung der Verbindung zu wecken. Obwohl Frauen in krassem Gegensatz zu Männern definiert werden, ist dennoch jede einzelne durch enge soziale Bande an bestimmte Männer gebunden. Dadurch geht sie mit ihren Mannsbildern eine Koalition gegen den ganzen Rest der Welt ein, eine Koalition übrigens, die sie dazu veranlaßt, mit einem ihr verbundenen Mann an sehr vielen sozialen Ereignissen gemeinsam teilzunehmen. Um es deutlich zu sagen: Hier kommen Benachteiligte und Bevorzugte vor Ort zusammen, zwei vollständig getrennte Hälften der ganzen Gesellschaft, die sich einander ähneln, was die in ihrer Geschlechtklasse bestehenden Erwartungen, aber auch was die Verpflichtungen über die Geschlechtergrenze hinaus angeht. (Eine erhebliche Stütze findet dieses Arrangement im Ergänzungsritual: Wenn ein Ehepartner einem bestimmten Mann oder einer bestimmten Frau gegenüber Anerkennung bekundet, so wird sich das auch darauf auswirken, wie sich der andere Ehepartner derselben bestimmten Person gegenüber verhält. Auf diese Weise kann der besondere Charakter der geschlechtsübergreifenden Verbindung im Angesicht einer dritten Partei aufrechterhalten werden.) Eben genau diese Art von Verhaltensmuster, das von irgendeinem jugendlichen Geometriker entworfen sein könnte, der zu früh Radcliffe-Brown gelesen hat,[7] ist das soziologisch interessante – und zudem bemerkenswerte – Phänomen.

Überdies bringen Männer häufig, wenn auch etwas launenhaft, durch die eine oder andere ritualisierte Geste zum Ausdruck, daß sie Frauen für zerbrechlich und kostbar halten, daß Frauen vor den rauhen Seiten des Lebens geschützt und

7 A. R. Radcliffe-Brown (1881-1955): brit. Anthropologe, der Verhaltensformen als Elemente einer komplexen kulturellen Gesamtstruktur ansah, deren Sinn das einzelne Bewußtsein übersteigt (A. d. Ü.).

sowohl mit Liebe als auch mit Achtung behandelt werden müssen.[8] Obwohl Frauen weniger gelten als Männer, werden sie in ernstzunehmender Weise durch solche Werte wie Mütterlichkeit, Unschuld, Sanftheit, sexuelle Attraktivität und so weiter idealisiert und mythologisiert – ein unbedeutendes Pantheon vielleicht, doch noch immer ein Pantheon. Zudem sind viele Frauen, vielleicht sogar die große Mehrheit der Frauen im heutigen Amerika, zutiefst davon überzeugt, daß die offizielle Version der natürlichen Charakterunterschiede zwischen ihnen und den Männern richtig, ewig und natürlich ist, wie niedrig ihre eigene Stellung in der Gesellschaft auch immer sein mag.

Diese besonderen Umstände der Lage der Frauen sind es, die unsere moderne egalitäre Welt in weiten Teilen zur patriarchalsten machen, die wir uns vorstellen können – ein Apfel, der nicht weit von seinem uralten Stamm gefallen ist. Was unserer Industriegesellschaft einen besonderen Anstrich gibt, ist nicht das geringe Ausmaß, in dem das wirtschaftliche Produktionssystem von den natürlichen Unterschieden der Geschlechter abhängt – eine Gesellschaft, in der dies der Fall ist, dürfte es nirgends und zu keiner Zeit gegeben haben –, sondern vielmehr die Tatsache, daß ein Teil unserer Bürgerschaft die traditionelle Stellung der Frauen nicht mehr als natürlichen Ausdruck ihrer natürlichen Fähigkeiten begreift. Aber ohne diesen Glauben macht dieses ganze Arrangement zwischen den Geschlechtsklassen nicht mehr viel Sinn. Ich behaupte nicht, daß sich das Arrangement der Geschlechter durch diese Zweifel von Grund auf ändern wird; gesetzt aber, das herkömmliche Muster wird aufrechterhalten, so wird dies, so behaupte ich, unter sehr viel schwierigeren Bedingungen geschehen.

---

8 Jessie Bernard beschreibt (in: *Women and the Public Interest*, Chicago 1971, 26 u. 28) Varianten dieser Zuschreibung: Unsicherheit, Partikularismus, Orientierung auf die Gemeinschaft, Affektivität, sexuelle Passivität, Gehorsamkeit, Unterwürfigkeit unter Befehle und Regeln, Unselbständigkeit, Ängstlichkeit, Bescheidenheit, Keuschheit, Schüchternheit, mädchenhafte Zurückhaltung, Heimatverbundenheit, begrenzte außerhäusliche Interessen, Neigung zur Monogamie, Gefallen an Körperschmuck, Putzsucht, Fürsorglichkeit für Kinder.

V.

Ich habe bereits die unübersehbare Tatsache angesprochen, daß Frauen, ungleich anderen benachteiligten Gruppen erwachsener Personen, in hohen Ehren gehalten werden. Ich will nun zwei wesentliche Ausprägungen dieses Umstands betrachten: das Regelwerk des Hofierens und das System des höflichen Umgangs.

1. In unserer Gesellschaft tritt das Hofieren oder Hofmachen in der Regel erstmalig bei potentiellen Partnern und Partnerinnen um die Zwanzig auf, in jenem Alter übrigens, in dem Frauen aus biologischen Gründen den kommerziellen Idealbildern von sexueller Attraktivität am meisten entsprechen.[9] Die Frauen schmücken sich selbst mit den übernommenen Zeichen sexueller Attraktivität und stellen sich dann einer Öffentlichkeit, einer Halb-Öffentlichkeit oder privaten Kreisen zur Schau. Die anwesenden Männer schenken den für begehrenswert erachteten Frauen verstärkte Aufmerksamkeit in der Hoffnung auf irgendeinen flüchtigen Wink, den sie als Ermutigung ihres Interesses deuten können.[10] Üblicherweise zeugt das Hofieren von der Absicht eines Mannes, der sich bisher auf Distanz hielt, sich nun näher heranzumachen. So bildet die Begutachtung durch den Mann – sein Liebäugeln – den ersten Zug im Spiel des Hofmachens. Das Dekorum spielt dafür eine wichtige Rolle. Denn sowohl der Mann als auch die Frau han-

---

9 Es sollte bedacht werden, daß Goffman hier auf die vergleichsweise standardisiertere Form des Hofierens anspielt, wie sie in den amerikanischen Mittelschichten üblich ist. Vgl. dazu Suzanna Rose und Irene Hanson Frieze, Young Singles' Scripts for a First Date, in: *Gender & Society* 3,2 (1989), 258-268 (A. d. Ü.).

10 »Höfliche Unaufmerksamkeit« erlaubt Männern und Frauen einen schnellen Blickwechsel. Der zweite kurze Blick von ihr kann für ihn schon ein ermutigendes Signal sein. Einige Männer haben viel Erfahrung mit zweiten Blicken, andere Männer praktisch keine. Belege dafür aus Experimenten und Feldbeobachtungen gibt Mark S. Cary in: »Nonverbal Openings to Conversation«, Vortrag gehalten anläßlich der Tagung der Eastern Psychological Association am 18. April 1974 in Philadelphia, Pennsylvania; und in: *Talk? Do You Want to Talk?* Negotiation for the Initiation of Conversation between the Unacquainted, Ph.D. Dissertation, Department of Psychology, University of Pennsylvania 1975.

deln so, als ob sie nicht wüßten, daß sie sich einer Begutachtung ausgesetzt (und womöglich sexuelles Interesse erregt) hat, und sie darf nicht belästigt werden, wenn sie nicht mit einer Ermutigung antwortet; dann nämlich müßte vermutlich der Mann sein Begehren unterdrücken oder verlagern. Damit soll nicht bestritten werden, daß gerade diejenigen Männer erfolgreiche Bewerber sein können, deren Annäherungsversuche sich nicht auf schickliche Distanzhaltung beschränken.

Der strategische Vorteil des Mannes beim Hofmachen leitet sich aus seinem Talent und seinem Recht ab, sein Interesse an jedem möglichen Zeitpunkt wieder entziehen zu können, außer vielleicht am Schluß; der Vorteil der Frau besteht in der Kontrolle über den Zugang zu ihren Vorzügen. Dieser schrittweise Zugang bildet in unserer Gesellschaft einen ausdrücklichen Beweis für eine Paarbildung. (Macht ist etwas anderes, da sie sich auf übertragbare Eigentumsrechte, soziale Lage usw. gründet.) An diesem Punkt sind die Vorteile nicht sehr ausgewogen, da der Mann solche Zugangschancen zu einer Frau zugleich als Anerkennung seiner Männlichkeit deutet und so gute Gründe hat, sich auch unabhängig von seinen Werbungsabsichten einer weiblichen Kontrolle dieses Zugangs auszusetzen. (Auch die Frauen erhalten dabei eine Bestätigung, dazu reicht jedoch die anfängliche Interessensbekundung durch den Mann häufig aus). Unabhängig davon, ob der Mann wirklich am Hofmachen oder allein an der Verführung interessiert ist: Er muß in jedem Fall der Frau mit Aufmerksamkeiten nachjagen, und sie hat es in der Hand, diese Jagd zu verlängern oder zu verkürzen.

Der traditionellen Auffassung zufolge bleibt die Diskretion der Frau über ihre Gunstzuwendungen nur dann ein Vorrecht für sie, wenn sie über die Gelegenheiten zu deren Gebrauch Stillschweigen bewahren kann, wenn sie die Zahl der von ihr Begünstigten nicht verrät und wenn das Tempo ihrer Gunstbekundungen im Falle eines besonders erfolgreichen Kandidaten ein Geheimnis bleibt. Die Logik der herkömmlichen Etikette verlangt von einer Frau, daß sie lediglich eine Person mit ihrem letzten Gunstbeweis beehrt, und auch nur dann, wenn diese sich zu ihrer Unterstützung verpflichtet hat. Dieser Brauch wiederum eröffnet den Weg zu zwei weiteren Praktiken oder steht wenigstens mit ihnen in Einklang.

Zum einen darf sie es sich erlauben, bezüglich ihrer Heiratsfähigkeit eingeschätzt zu werden, weil die Phase der Partnerwahl an ihre nur sehr vorübergehende Eignung dazu gebunden ist. (Die grausame Tatsache, daß sie danach für eine lange Zeit und zunehmend als unfähig gilt, ihre Bestimmung zu erfüllen, wird mit ihrem Rückzug aus dem Wettbewerb in den eigenen Haushalt verknüpft und dadurch gemildert, daß sie dort vermutlich den Gewinn genießen darf, den sie während ihrer biologisch begünstigten Phase im Hofierungsspiel einstreichen konnte.[11])

Ein zweites traditionelles Mittel, um die Frauen zur Treue zu bewegen und sie von einer leichtfertigen Vergabe sexueller Gunstbekundungen abzuhalten – weil dies, falls sie es regelmäßig tun, ihren Wert nach unten drücken könnte – bestand darin, Sexualität als etwas Schmutziges und Schlechtes hinzustellen, als etwas Befleckendes, das nur die Männer antreibt, und daher als etwas, das anständige Frauen verdirbt und liederliche hervorbringt. Wie dem auch sei, der Kontrakt zur Paarbildung wurde dadurch besiegelt, daß die Frau Zugangsrechte zugestand und so einen Rahmen für den Akt absteckte, der hoffentlich den Beweis für die Entstehung eines Verhältnisses und nicht nur für Keuschheit lieferte. So wurde die Frau nicht ein Geschlechtsobjekt, sondern eine Gattin, eine wahrhaft keusche Person, die erwiesenermaßen dem Drängen nur eines einzigen Mannes nachgegeben hat, und dem nur – so durfte er denken – aufgrund seiner besonderen Eigenschaften. Die dem Mann auf diese Weise verschaffte Bestätigung seiner Männlichkeit trägt offensichtlich einen paradoxen Zug: Nur keusche, als Partnerinnen begehrenswerte Frauen konnten sie gewähren, doch hatten sie das Geschenk

11 Gegenwärtige Tendenzen in Richtung auf Scheidungen des Typs »keine Schuld – keine Alimente«, die als Liberalisierung etikettiert werden, heben die *Einrichtung* dieser Kompensation auf und führen dazu, daß zumindest einige Frauen auf beiden Seiten der Gleichung Einbußen erleiden müssen.

einmal gewährt, war es auch schnell zerstört. Auf jeden Fall können wir das traditionelle Normalverhalten der anständigen Bürger auf die folgende Formel bringen: Er erhält exklusive Zugangsrechte, und sie erwirbt eine gesellschaftliche Position. Natürlich funktioniert die sexuelle Verfügbarkeit für größere Gruppen unserer Gesellschaft nicht länger auf genau diese Art und Weise. Voreheliche sexuelle Ausschweifungen mit jemandem, der nicht zum Ehepartner bestimmt ist, werden gang und gäbe, und eine Verlobung bedeutet dann in diesen Fällen idealiter nicht das erste, sondern das ausschließliche Zugangssrecht.

Wie häufig festgestellt wird, hat das System der Hofierungsregeln eine unterschiedliche Einschätzung der beiden Geschlechter hinsichtlich der Normen sexueller Attraktivität zur Folge. Oberflächlich betrachtet besteht die Aufgabe des Mannes darin, sich anziehen zu lassen, und die der Frau darin, ihn anzulocken. Gleichermaßen sieht es auf den ersten Blick so aus, als ob die Frau – wie gesagt wird – tendenziell mehr Kriterien als nur gutes Aussehen und Jugendlichkeit in Erwägung zieht, wenn sie unter den Männern, die an ihr interessiert sind, denjenigen auswählt, den sie weiter ermutigt. Wie schon angedeutet, besteht die Implikation des Hofierungssystems darin, daß die Frau (mehr als der Mann) auf Standards der äußeren Erscheinung verpflichtet wird, von denen sie, je älter sie wird, desto mehr abweicht. Wenn wir bedenken, daß die von den Eltern vererbten sozialen Ressourcen eine Frau in weitaus geringerem Maße als einen Mann vor einer Gefährdung des sozialen Status schützen können, falls sie unverheiratet bleiben sollte, dann gibt ihr dies verstärkten Grund dazu, auch unpassende Bewerber immer ernsthafter in Betracht zu ziehen.

2. Wie die Praktiken des Hofierens, so gibt auch das System der Höflichkeiten ein Zeugnis von der hohen Wertschätzung der Frauen. Die Betrachtung interpersoneller Rituale vermittelt den Eindruck, daß Frauen (in der westlichen Gesellschaft) als wertvoll, dekorativ und zerbrechlich gelten, daß sie unver-

traut mit allem und ungeeignet für alles sind, was Muskelkraft, handwerkliches oder elektrisches Wissen oder ein körperliches Wagnis erfordert. Überdies gewinnt man den Eindruck, daß ihnen leicht Verunreinigung und Befleckung drohen, daß sie durch die Konfrontation mit rauhen Worten und grausamen Tatsachen leicht zu beschämen sind, daß sie ebenso unsicher wie zartbesaitet sind. Folglich hat der Mann die Pflicht, einzuschreiten und zu helfen (oder zu beschützen), wann immer eine Frau auf irgendeine Weise bedroht oder stark belastet zu sein scheint, indem er sie vor blutigen, grausigen Anblicken, vor ekelerregenden Dingen wie Spinnen und Würmern, vor Lärm und Regen, Wind, Kälte und anderen Widrigkeiten bewahrt. Die Fürsorge kann sich sogar bis auf die Vermittlung von Kontakten zu Amtspersonen, Fremden und Dienstleistungspersonal erstrecken. Einige dieser Verpflichtungen der Rolle des Mannes gelten nicht nur gegenüber Frauen, denen er persönlich verbunden ist, sondern gegenüber allen Frauen, die in seine Nähe kommen; das heißt, gegenüber jeder einzelnen Frau in der Menschenansammlung, in der er sich gerade zufällig befindet, und insbesondere dann, wenn sie sonst von keinem anderen Mann begleitet zu sein scheint. Diese verallgemeinerte Geltung der Pflichten für die ganze Geschlechtsklasse der Frauen findet eine schöne Bestätigung in der Tatsache, daß der Mann seiner Ehefrau Höflichkeiten in unpersönlicher Form angedeihen lassen kann, die er in ebendieser Weise völlig angemessen auch jeder anderen Frau erweisen könnte. Weiterhin wird sie durch den Umstand bestätigt, daß kleinere Höflichkeiten den Männern einen gerechtfertigten Grund an die Hand geben, um mit anwesenden, ihnen unbekannten Frauen Kontakte zu knüpfen; zum Beispiel wenn ein Mann für einen Augenblick seine Handlung unterbricht, um einer Frau Feuer zu geben, wobei er durch eine zurückhaltende Art zu erkennen gibt, daß er keinen Anspruch auf ihre Zeit oder ihre Aufmerksamkeit erhebt, eine Art, die noch nicht einmal von ihrem männlichen Begleiter als aufdringlich wahrgenommen wird. Eine weitere, als Beispiel anschauliche, aber als Tatsache furchtbare Bestätigung für die These wird in der Literatur über Vergewaltigungen beschrieben:[12] Opfer, die von fremden oder bekannten Personen belästigt werden und die diese nicht anders davon abbringen konnten, betteln und flehen häufig um Gnade, indem sie das Wort »bitte« verwenden – einen Ausdruck, mit dem in gewisser Weise ein Anspruch auf Berücksichtigung der eigenen Notlage einhergeht – ein Anspruch, den eigentlich jede Frau an jeden Mann sollte erheben dürfen.

3. In unserem öffentlichen Leben scheinen Hofieren und Höflichkeiten wesentlich miteinander verflochten zu sein. Das hat nachhaltige Folgen. Offensichtlich ist die Verpflichtung eines Mannes, Hilfe der einen oder anderen Art anzubieten, seine eigenen Kräfte freiwillig jeder Frau in der Nähe zur Schonung ihrer eigenen anzutragen, nicht nur als eine Pflicht, sondern auch als ein Recht anzusehen. Unter dem Deckmantel der Erfüllung dieser Pflicht kann er nämlich seine Aufmerksamkeiten selektiv attraktiven Frauen zuwenden. Dadurch vermehren sich die ihm zur Verfügung stehenden Mittel und Wege zur Durchsetzung seines Begehrens beträchtlich im Vergleich zu denen, die ihm die bloße gemeinsame Anwesenheit in einer Zusammenkunft bereitstellen würde. Die Frau kann sich beispielsweise dazu verpflichtet fühlen, Dankbarkeit, Zeichen der Erleichterung und dergleichen zu bekunden. Auf diese Weise erleichtert er es der Frau und ermutigt sie dazu, ihr Interesse an ihm zu demonstrieren, insofern sie welches hat, und er kann sie sogar ein wenig dazu drängen. Bemerkenswerterweise sind die von Männern an begehrte Frauen gerichteten Aufmerksamkeiten nicht unbedingt mit der größeren Erwartung oder Hoffnung verbunden, daß aus ihnen eine Beziehung erwächst, die über den einmaligen Kontakt hinausgeht. Die Interaktion allein – gewürzt mit den witzigsten Anspielungen, die der Mann zustandebringen kann – ist es, die ihm ein leichtes sexuelles

12 Vergleiche beispielsweise Diana Russell: *The Politics of Rape*, New York 1975, 28, 38, 99, 132, 201, 223.

Kribbeln und eine kleine Bestätigung seiner Männlichkeit verschafft.

Durch die Verknüpfung von Hofieren und Höflichkeit wird eine günstige Ausgangslage geschaffen, um solche soziale Begegnungen zu bewältigen, die andernfalls in Wettstreit oder gar Feindseligkeiten ausarten könnten. Eine andere Folge dieser Verknüpfung besteht darin, daß die Männer die üblichen Höflichkeiten in vollem Umfang und mit Vergnügen bevorzugt den jungen und schönen Frauen schenken und daß sie gegenüber Frauen, die diese zwei Merkmale vermissen lassen, Zurückhaltung an den Tag legen. Den älteren und häßlicheren Frauen droht so fortwährend die Verweigerung einer Behandlung, die die Natur ihrer Geschlechtsklasse allem Anschein nach zugedacht hat. Und wenn sie damit fertig werden wollen, dann haben sie allen Grund dazu, sich nicht in den Vordergrund zu drängen und sich nicht bis zu dem Punkt fordernd oder aufdringlich zu gebärden, ab dem ihnen die bereits gewährten Nettigkeiten wieder entzogen werden könnten. (Die »gutgekleideten« jungen, attraktiven Frauen müssen also in der Öffentlichkeit genauso vorsichtig sein wie die weniger attraktiven – wenn auch aus unterschiedlichen Gründen.)

Eine weitere Folge der Vermischung von Hofieren und Höflichkeit bezieht sich auf die Weise, wie sich eine Frau in gemischtgeschlechtlichen Zusammenkünften zu verhalten genötigt sieht. Indem sie sich zurückhaltend gibt, Schüchternheit und Verschlossenheit zeigt, Schwäche, Furcht und Inkompetenz demonstriert, kann sie sich selbst als ein solches Objekt präsentieren, dem ein Mann zu Recht seine helfende Hand hinstreckt, wobei er Derbheiten in seinem Reden und Handeln unterdrückt. Wenn in einer Zusammenkunft andere Männer als ihr Ehemann anwesend sind, dann bestärkt sie ein anderer Grund in ihrer Zurückhaltung. Falls die Männer auf Ermutigungen aus sind, dann halten sie nach einer Abweichung von der gewohnten Verschlossenheit der Frau Ausschau, die sie als Ermutigung deuten können. In diesem Falle wird jede Keckheit von ihrer Seite, jede Spur von Initiative,

Unmäßigkeit, Angriffslust oder Impulsivität als sexuelle Einladung, kurz: als ein Zeichen ihrer Zugänglichkeit betrachtet.[13] Deshalb sind gewöhnlicherweise keine besonderen rechtlichen oder moralischen Sanktionen erforderlich, um Frauen in der Öffentlichkeit in Schranken zu halten; dazu reicht ihr Eigeninteresse aus. Doch diese Selbstregulierung kann als eine funktionale Folge, als ein Nebenprodukt des Zusammenspiels anderer sozialer Bestimmungen angesehen werden.

VI.

Doch nun zum Kern der Sache. Üblicherweise wird angenommen, daß die Unterschiede zwischen den Geschlechtern erst vor dem Hintergrund der Anforderungen und Zwänge der Umwelt erkennbar werden, wobei die Umwelt selbst als eine Widrigkeit gilt, die bereits bestand, bevor das Problem des Geschlechtunterschieds auftrat. Oder, anders ausgedrückt, Geschlechtsunterschiede sind eine biologisch vorgegebene, von außen auferlegte Beschränkung für alle Formen sozialer Orga-

---

13 Das erklärt einige paradoxe Tatsachen. Wenn Männer dadurch charakterisiert sind, daß sie Zugang zu Frauen begehren, und Frauen dadurch, daß sie Männer dabei in Schach halten, dann müßte man annehmen, daß Männer weniger Gelegenheiten zu Vertraulichkeiten in Form von Berührungen mit Frauen haben als Frauen mit Männern. Ich glaube aber, daß Männer Frauen, zu denen sie keinen intimen Kontakt pflegen, häufiger berühren als umgekehrt. Männer können nämlich offenbar davon ausgehen, daß ihre Übergriffe als schützend, scherzhaft oder unschuldig-zärtlich angesehen werden. Dieselbe Geste könnte, wenn sie von einer Frau an einen Mann gerichtet wird, sehr leicht als Einladung verstanden werden, als unverhüllter Eröffnungszug, und er wird deshalb eher unterdrückt. (Vergleiche dazu: Nancy Henley: The Politics of Touch, in: *Radical Psychology*, hg. von Phil Brown, New York 1973, 412-433.) In gesellschaftlich anerkannten intimen Beziehungen zwischen Männern und Frauen scheinen Frauen aber das größere Recht zu genießen, den anderen berühren zu dürfen.

Dies kann sich von offensichtlichen Übergriffen, wie etwa Berührungen, auch auf die recht passiven Formen des Sich-Zur-Schau-Stellens ausdehnen. So bietet eine Frau, die einen Photoapparat, einen Hund, ein Buch oder einen anderen fast beliebigen Gegenstand mit sich führt, genügend Gründe, die fremde Personen zur Anknüpfung eines Gesprächs mit ihr benutzen können; in diesem Fall stellt sie sich faktisch zur Schau.

nisation, die Menschen erfinden können. Es gibt jedoch noch eine andere Art, diese Sache zu betrachten. Wir könnten in einem Gedankenexperiment die Gleichung umdrehen und fragen, was aus der Umwelt herausgefiltert oder in sie hineinprojiziert werden mußte, damit die angeborenen Unterschiede zwischen den Geschlechtern, die es ja gibt, überhaupt irgendeine Bedeutung – in Wirklichkeit oder in der Vorstellung – bekommen konnten. Hier geht es also um institutionelle Reflexivität. Betrachten wir ein paar Beispiele.

1. Eine Mutter ist zweifellos aufgrund ihrer biologischen Ausstattung in der Lage, einen Säugling zu stillen, ein Vater aber nicht. Aufgrund dieser unumstößlichen Tatsache ist es nur angemessen, daß der Vater – und nur er – vorübergehend diejenigen Aufgaben übernimmt, die mit einer längeren Abwesenheit vom Haushalt verbunden sein können. Es zeigt sich jedoch, daß diese recht vorübergehende, biologisch bedingte Eingeschränktheit der Frau kulturell ausgebaut wird. Die Erfüllung einer ganzen Reihe häuslicher Verpflichtungen wird (aus welchen Gründen auch immer) als dem Mann unangemessen angesehen; und eine ganze Reihe von Aufgaben außerhalb des Haushalts wird als unangemessen für die Frau definiert. Akzeptieren Männer und Frauen diese sozialen Bestimmungen, dann ist die Bildung einer Koalition eine natürliche Reaktion auf die rauhe Wirklichkeit der Welt, denn nur auf diese Weise haben beide die Möglichkeit, das zu bekommen, was sie brauchen, ohne jedoch diejenigen Arbeiten ausführen zu müssen, die für jemanden der eigenen Art unangemessen sind. Die Paarbildung ist aber nicht nur wegen der geschlechtsspezifischen Beschränkungen der Aufgabenerfüllung erforderlich. Im allgemeinen wird die Frau bemerken, daß in der öffentlichen Sphäre einige Dinge für sie erledigt werden müssen, und die Männer werden bemerken, daß sie einige Dinge für andere erledigen sollen, und wiederum finden sich beide aufeinander angewiesen. (Denn ebenso wie ein Mann sich eine Frau nehmen kann, um sich vor den Arbeiten zu drücken, die ihm unangenehm sind, kann die Frau sich einen Mann zur Begleitung su-

chen, um öffentliche Plätze vollständig nutzen zu können.) Auf diese Weise verursacht die dem Mann zugeschriebene »Natur« seine Abhängigkeit von einer Beziehung zu einer Frau, und das gilt reziprok auch für die Frau. Die Person, die ein Mann braucht, um entsprechend seiner »Natur« handeln zu können, ist genau die Person, die ihn braucht, um entsprechend ihrer »Natur« handeln zu können. In dieser Weise sind Personen nur als geschlechtsbedingte Identitäten, nicht aber als solche aufeinander angewiesen.

2. Betrachten wir einmal den Haushalt als Sozialisationsinstanz, und nehmen wir als Beispiel ein Geschwisterpaar unterschiedlichen Geschlechts aus der Mittelschicht. Die häusliche Erziehung der beiden Geschlechter wird sich unterscheiden; angefangen damit, daß das Mädchen auf helfende, häusliche Aufgaben und daß der Junge auf eher breiter angelegte wettbewerbsorientierte Aufgaben ausgerichtet wird. Dieser Unterschied der Ausrichtung wird als eine grundsätzliche Eigenschaft der Kinder angesehen, die sich in vielen, als bedeutungsvoll empfundenen Bereichen bemerkbar macht. Auf diese Weise wird es also von Anfang an zwei Prinzipien geben, in deren Namen Ansprüche erhoben und Mittelzuteilungen gewährt werden. Eines davon ist die Gleichheit der Geschwister und darüber hinaus die aller zugehörigen Familienmitglieder – das Motiv der Gleichbehandlung beim Geben und Nehmen, das in seiner markantesten Form in vielen Testamenten und am weitesten verbreitet im System des Redezugwechsels realisiert ist. Das andere Prinzip ist die Bewertung gemäß des Geschlechts, wenn etwa dem männlichen Kind, »weil es ein Junge ist«, beim Essen die größere Portion oder dem weiblichen, »weil es ein Mädchen ist«, das weichere der beiden Betten zugeteilt wird; oder wenn dem männlichen Kind härtere Strafen zugemutet werden als dem weiblichen, weil es von »Natur« aus robuster ist und weil es härtere Strafen braucht, um davon beeindruckt zu werden. Und diese auf das Geschlecht gegründeten Bewertungen dienen auch weiterhin als ein handliches Mittel sowohl zur Erklärung einer Verteilungs-

praxis, deren eigentliche Grundlage anderswo zu finden ist, wie zur Vermeidung einer Form der Verteilung, die Mißstimmung auslösen könnte, oder schließlich sogar zur einleuchtenden Erklärung für verschiedene Versäumnisse bei der Erfüllung von Erwartungen.

All dies ist uns im Prinzip genauestens bekannt, auch wenn es in seinen Einzelheiten nicht ausreichend erforscht ist. Es wird nicht angemessen gewürdigt, daß Kinder verschiedenen Geschlechts, die unter dieselbe elterliche Autorität fallen und die den größten Teil ihrer Jugend gemeinsam in denselben Räumlichkeiten verbringen, auf diese Weise ein idealgültiges Beispiel für Rollendifferenzierung abgeben. Denn das Familienleben sorgt dafür, daß die meisten Tätigkeiten des einen Geschlechts vor den Augen des jeweils anderen Geschlechts geschehen und noch dazu in völligem Einverständnis mit der bestehenden unterschiedlichen Behandlung. Wie es auch immer um die ökonomische Situation oder die soziale Schicht bestellt sein mag und wie gut oder schlecht eine Tochter die eigene soziale Lage – im Vergleich zu Kindern anderer Familien – auch immer einschätzen mag: Sie kann kaum übersehen, daß ihr Bruder, der im Vergleich mit Kindern anderer Familien auf einer Stufe mit ihr steht und auch häufig dieselben Grundanrechte auf die in der Familie verfügbaren Mittel hat, von den Eltern dennoch anders beurteilt und behandelt wird als sie selbst. Und das bemerkt auch ihr Bruder. So erlernen Frauen und Männer von Anfang an eine Art und Weise der Beurteilung von Belohnungen und Umgangsformen, die die quer dazu verlaufenden Unterschiede in der Schichtzugehörigkeit und der Verfügbarkeit ökonomischer Mittel dämpft. Wie hoch der soziale Status einer Familie auch immer sein mag – ihre Töchter können lernen, daß sie anders als die Söhne und ihnen ein wenig untergeordnet sind; und wie niedrig der soziale Status einer Familie auch immer sein mag – ihre Söhne können lernen, daß sie anders als die Töchter und ihnen ein wenig übergeordnet sind. Es ist, als ob die Gesellschaft Schwestern einen Bruder an die Seite stellt, damit Frauen von Anfang an ihren Platz kennenlernen, und sie stellt eine Schwester neben Brüder, damit Männer den ihren finden. Jedes Geschlecht wird zum Übungspartner des anderen, ein mitten ins Haus gestelltes »Anschauungsmittel«. Das, was dem gesamten sozialen Leben eine Struktur verleiht, wird also in einem sehr kleinen und trauten Kreis eingeübt. Und daraus folgt ebenso, daß sich die tiefste Schicht dessen, was wir sind – nämlich die eigene Geschlechtsidentität – in ihrer ursprünglichen Gestalt aus Zutaten zusammensetzt, die nicht der ethnischen Zugehörigkeit oder dem sozio-ökonomischen Status entnommen sind. Infolgedessen erwerben wir alle die beachtliche Fähigkeit, uns von dem, was wir dank unserer Verortung in der gesamten sozialen Rangordnung gewinnen oder verlieren, deutlich zu distanzieren. Brüder bekommen die Möglichkeit, sich selbst in Absetzung von Personen wie ihren Schwestern zu definieren, und Schwestern steht es offen, sich selbst in Absetzung von Personen wie ihren Brüdern zu bestimmen – wobei in beiden Fällen das Augenmerk davon abgelenkt wird, daß die Geschwister der einen Familie sich in einer grundlegend anderen sozialen Lage befinden als die einer anderen. Das Geschlecht, nicht die Religion, ist das Opium des Volkes. Auf jeden Fall haben wir es hier mit einem bemerkenswerten organisatorischen Hilfsmittel zu tun. Obwohl ein Mann am Tage unter seinen Vorgesetzten leiden mag – und er kann auf jeder gesellschaftlichen Stufe in diese Lage geraten –, kehrt er dennoch jeden Abend nach Hause in eine Sphäre zurück, in der er dominiert. Und wohin auch immer er außer Haus geht, können Frauen anwesend sein, die seine zur Schau gestellte Kompetenz bestärken. Und nicht genug damit, daß der typische männliche Angestellte eine weibliche Sekretärin hat; wie sich jetzt immer deutlicher zeigt, wird auch sein aus dem »bürgerlichen« Leben ausgestiegener Sohn, der die Karriereleiter im alternativen Verlagswesen oder in Protestbewegungen hinaufsteigt, eine weibliche Hilfskraft haben; und sollte er gar so sehr ausgestiegen sein, daß er einer Landkommune beigetreten ist, so wird ihn vermutlich auch dort eine entsprechende Arbeitsteilung erwartet haben. Wollten wir gar die Alltagswelt verlassen und uns in eine ihrer fiktiv konstruierten Alternativen begeben, in einen Science-Fiction-Kosmos, so würden wir auch dort Männer finden, die die Führungsaufgaben übernehmen, und Frauen, die sie nach der Art ihres Geschlechts dabei unterstützen. Wohin auch immer der Mann geht, kann er, wie es scheint, eine geschlechtsspezifische Teilung der Arbeit mit sich nehmen.

3. In unseren modernen Zeiten zeigen sich Paare nackt voreinander und benutzen wahrscheinlich sogar zur gleichen Zeit das Badezimmer. Aber abgesehen davon sollten die vollständig entwickelten Genitalien des einen nicht vor den Augen des anderen Geschlechts entblößt werden. Und obwohl sich Personen beiderlei Geschlechts hinsichtlich ihrer Ausscheidungen und deren Beseitigung ziemlich ähneln, sollte darüber hinaus die Umgebung, in der Frauen diese Akte vollziehen, etwas vornehmer, geräumiger und besser ausgestattet sein als die, die Männer dazu benötigen – jedenfalls scheinen wir in Amerika dieser Meinung zu sein. Das Phänomen, daß beinahe alle Arbeitsstätten und Versammlungsorte mit zwei verschiedenen Kategorien von Toiletten und Waschräumen ausgestattet sind (ein Beispiel für parallele Organisation), die sich auch hinsichtlich ihrer Qualität unterscheiden (ein Beispiel für Trennung und Ungleichkeit), kam vermutlich aus Rücksicht auf das Arrangement der Geschlechter im allgemeinen und auf die weibliche Geschlechtsklasse im besonderen zustande. Aus diesem Grund können Frauen wohl in nahezu allen Produktionsstätten und geschäftlichen Einrichtungen aus ihrer unfreiwilligen Zurschaustellung vor Männern und deren Begleitern ausbrechen und sich, oftmals in Begleitung einer Freundin, in eine rein weibliche Enklave zurückziehen, um dort einige Zeit auf der Toilette zu verbringen; überdies gehen sie vermutlich häufiger und bleiben wahrscheinlich länger als Männer auf ihren eigenen Toiletten, die ihnen noch zudem angenehmere äußere Bedingungen bieten. Durch nach Geschlechtern getrennte Waschräume, die es ja häufig gibt, werden die getrennten Bereiche noch zusätzlich erweitert. Auf diese Weise entwickelt sich also eine Art Rhythmus des Zusammenkommens und Wieder-Auseinandergehens: Auf eine Phase, in der die Geschlechter sich

miteinander mischen, folgt eine kurze Phase der Trennung und so weiter. (Bars, Turnhallen, Umkleidekabinen, Billardsalons usw. leisten dieselbe Art der periodischen Absonderung, aber diesmal für die Männer. Der Unterschied zwischen beiden besteht darin, daß die weiblichen Rückzugsgebiete für gewöhnlich feiner als die Umgebung gestaltet sind, während die männlichen Rückzugsgebiete meistens weniger einnehmend eingerichtet sind als die umgebenden Räumlichkeiten.[14]) Dieses Muster scheint sich ausgehend von Toiletten und Waschräumen auch auf größere Bereiche ausgedehnt zu haben. Große Kaufhäuser haben Abteilungen, in denen sich die Geschlechter untereinander mischen, aber sie haben auch kleinere Zonen, in denen geschlechtsspezifische Waren weitestgehend für die Kunden dieses einen Geschlechts angeboten werden. In Schulen wird gemischter Unterricht abgehalten, der aber von Leibesübungen, Sport und einigen anderen nach Geschlecht getrennten Tätigkeiten unterbrochen wird.[15]

Alles in allem hat man es also nicht so sehr mit einer strikten Absonderung als vielmehr mit punktuellen Unterbrechungen im Tagesablauf zu tun. Diese stellen sicher, daß subkulturelle Unterschiede trotz der häufigen Kontakte zwischen den Geschlechtern erhalten und wiederhergestellt werden. Anscheinend ist der Kontakt zwischen den Geschlechtern nur dann erträglich, wenn periodische Fluchtmöglichkeiten bestehen. Es scheint, als sei die Gleichrangigkeit und Gleichheit der Geschlechter nur eine Maske, die periodisch fallengelassen wird. Und all das geschieht im Namen der Höflichkeit, der Kultiviertheit, des den Frauen geschuldeten Respekts und des »natürlichen« Bedürfnisses der Männer, unter sich zu sein. Da die öffentlichen Plätze im großen und ganzen für Männer bestimmt sind (die große Ausnahme bilden große Kaufhäuser), mußten neue Einrichtungen für Frauen geschaffen werden, zusätzlich zu den bereits vorhandenen. Wie vorauszusehen war, bestand

14 Dies gilt wenigstens in den Vereinigten Staaten (A. d. Ü.).

15 Natürlich hat es in letzter Zeit in den USA öffentliche Proteste gegen die Trennung von Einrichtungen und Veranstaltungen nach dem Geschlecht gegeben, bei denen die Feministinnen die Führung übernahmen.

ein Argument gegen die Anstellung von Frauen darin, daß zusätzliche sanitäre Anlagen notwendig wären, die nicht vorhanden seien.

Es ist nun klar: Wenn das Flirten und die Kontrolle des sexuellen Zugangs die Rolle in der Paarbildung spielen sollen, die wir oben angedeutet haben, dann scheint auch die Trennung der Toiletteneinrichtungen nach dem Geschlecht gute Gründe zu haben. Und noch klarer ist: Was auf diese Weise abgegrenzt wird, ist etwas Biologisches, das auch die Geschlechtsklassen biologisch und deutlich unterscheidet. Aber das Arrangement dieser Absonderungen als solches kann nicht an die biologischen Erscheinungen selbst, sondern nur an die landläufigen Auffassungen der biologischen Erscheinungen anknüpfen. Es betrifft zwar die *Funktionsweise* der je nach Geschlecht unterschiedlichen Organe, doch nichts an dieser Funktionsweise würde *biologisch* eine Absonderung verlangen; *dieses* Arrangement ist ein rein kulturelles Phänomen. Hier hat man es also mit einem Fall von institutioneller Reflexivität zu tun: Die Trennung der Toiletten wird als natürliche Folge des Unterschieds zwischen den Geschlechtskategorien hingestellt, obwohl sie tatsächlich mehr ein Mittel zur Anerkennung, wenn nicht gar zur Erschaffung dieses Unterschieds ist.

4. Betrachten wir nun die selektive Arbeitsplatzvergabe. In Industriegesellschaften neigten die Frauen herkömmlicherweise zu Berufen – oder es wurden ihnen solche Berufe nahegelegt –, die denselben Grundtenor aufweisen, der sich im Haushalt eingespielt hat: die Bekleidungsindustrie, Heimarbeit, Reinigungsberufe und persönliche Dienstleistungen wie beispielsweise Unterrichten, gastronomische Berufe, Pflegeberufe oder Tätigkeiten, die mit Nahrungsmitteln zu tun haben.[16] In den zuletzt genannten Bereichen werden wir vermutlich leicht der Versu-

---

16 Vgl. Harold L. Wilensky, Women's Work: Economic Growth, Ideology, Structure, in: *Industrial Relations* 7/3 (1968), 244: »Wenn sie tatsächlich weiter in die Hochschule [*graduate school*] gehen, neigen sie in der Mehrzahl zu traditionell ›weiblichen‹ Fächern wie Kunst, Krankenpflege, Pädagogik, Sozialarbeit, Biochemie, Literatur, Sprachen und Geisteswissenschaften.«

chung erliegen, die Bedienung wie eine Person zu behandeln, die uns auf halb-mütterliche Art und Weise zuhilfe kommt, und nicht wie eine Person, die wir gefühllos behandeln würden, wenn wir ihr untergeordnet oder wenn sie uns untergeordnet wäre. Bei den Dienstleistungen, die eng mit dem Körper und dem Selbst verbunden sind, haben wir folglich die Möglichkeit, die Härte zu mildern, die wir von männlichen Bedienungen befürchten müßten.

Vor allem jüngere Frauen aus der Mittelschicht wurden bekanntlich sehr häufig als Büro- oder Schreibkräfte eingesetzt; diese Berufe gelten oft als Sackgasse und werden vorzugsweise einer Person übergeben, die sich gut kleidet und keine große berufliche Karriere erwartet oder anstrebt. Angeblich überbrücken Sekretärinnen lediglich Zeit bis zur Heirat, und zwar vorzugsweise an einem Ort, der die Gelegenheit bietet, Männer »kennenzulernen«. Jedenfalls ermöglichen die Geschlechts- und Altersunterschiede zwischen Sekretärinnen und Vorgesetzten die Stilisierung eines onkelhaften Verhältnisses. Dadurch, daß der Vorgesetzte die Beziehung aus der harten Geschäftswelt hinausverlagert, kann er es sich leisten, von seinen Untergebenen als Vertrauter angesehen zu werden, ohne daß er das Gefühl haben muß, durch diesen freundschaftlichen Umgang sein Gesicht zu verlieren. Ebenso kann er kleinere Bitten äußern, die über das vertraglich Festgelegte hinausgehen: Darf er doch erwarten, als jemand zu gelten, um dessen Bedürfnisse man sich kümmert, wie unterschiedlich diese auch immer ausfallen mögen – ganz wie ein Kind von seiner Mutter umsorgt wird. Im Gegenzug kann er für eine familiäre Atmosphäre sorgen, indem er (natürlich nicht wechselseitig) persönliche Anreden verwendet, indem er jeden einzelnen kleinen Wunsch in Bitte-und-Danke-Klammern kleidet und indem er sich galant zeigt, wenn es um das Öffnen von Türen oder das Umstellen schwerer Schreibmaschinen geht. Er kann seiner Sekretärin auch erlauben, das Telefon für Privatgespräche zu benutzen, und er kann ihren Wünschen nach bestimmten arbeitsfreien Zeiten nachkommen, die sie zur Erledigung von Frauen-Angelegenheiten benötigt.

Auch bei der Auswahl von Bewerberinnen für Berufe, in denen Frauen »in der Öffentlichkeit stehen« – beispielsweise als Fahrkartenverkäuferinnen, Empfangsdamen, Flugbegleiterinnen oder Verkäuferinnen – werden die Standardvorstellungen jugendlicher »Attraktivität« eine Rolle spielen. Noch viel deutlicher ist natürlich dieses Verfahren bei der Auswahl von Frauen für Werbezwecke und in den Schauspielberufen. Das hat folgende Konsequenz: Wenn ein Mann geschäftlichen Kontakt zu einer Frau unterhält, dann soll sie – wahrscheinlich noch mehr als sonst – jemand sein, an dessen Gegenwart er Freude haben kann. Wiederum kann die ihr gegenüber gezeigte und von ihr erwiderte Höflichkeit einen Hauch von sexuellem Interesse haben. (Je höher ein Mann die Karriereleiter im Geschäftsleben, in der Politik oder der Wissenschaft hinaufgestiegen ist, desto mehr »Klasse« wird anscheinend von der Frau erwartet, mit der er regelmäßigen Umgang pflegen muß; sie gilt als ein Zeichen und Symbol seines Erfolgs.)

Schließlich finden sich an beinahe allen exklusiv für Männer bestimmten Arbeitsplätzen ein oder zwei Frauen, die mit der einen oder anderen Art von Hilfsarbeit beschäftigt sind. Offensichtlich gibt es also nur wenige soziale Situationen, in denen Männer nicht die Möglichkeit haben, Frauen die ihrem Geschlecht geschuldeten Höflichkeiten zukommen lassen zu können.

Insgesamt können wir also sagen: Die selektive Arbeitsplatzvergabe stellt sicher, daß die Männer sich wahrscheinlich ziemlich häufig in der Gesellschaft von Frauen wiederfinden werden und daß vermutlich durch die Frauen nicht nur die Kontakte persönlicher werden; diese Frauen werden auch vergleichsweise jünger und attraktiver sein, als eine Zufallsauswahl ergeben würde. In diesem Sinne ist die Welt der Männer eine soziale Konstruktion, die sie täglich aus ihrem ehelichen Milieu herausholt und in etwas hineinversetzt, das auf den ersten Blick wie eine reine Männerwelt erscheint; tatsächlich sind jedoch diese Männerwelten gezielt mit recht attraktiven Frauen durchsetzt, die dort auf eine besondere Art und Weise als flüchtige Zielscheiben für sexuell anzügliche Scherze dienen können und beiläufige Aufmerksamkeiten in beiden Richtungen erlauben. Das Prinzip lautet hier: Wenige für viele, und infolgedessen entwickelt sich die Welt jenseits des Haushalts zu einem schummrigen Rotlichtviertel, in dem Männer schnell in Interaktionen Erfolge erzielen und in Sicherheit genießen können. Es läßt sich beobachten: Je mehr sich ein Mann mit dem spielerischen Umgang mit dem anderen Geschlecht zufriedengibt – der zwar systematisch, aber nur periodisch und kurz möglich ist –, desto mehr Männer können ein Exemplar der bevorzugten Kategorie von Frauen teilen.[17] (Tatsächlich ist das herkömmliche Rendezvous nicht nur ein Mittel, die Geschlechter zu Paaren zusammenzuführen, sondern auch ein Mittel, um einer großen Anzahl von Männern für kurze Zeit die Begleitung von beispielhaft vorzeigbaren Frauen zu ermöglichen.)

5. Von all den Mitteln, die die Differenzierung entlang der Geschlechtsklassengrenzen in der modernen Gesellschaft fördern, fällt eines durch seinen besonderen und äußerst starken Einfluß auf: Ich meine hier unser *Identifikationssystem*, das zwei miteinander verbundene Dinge einschließt: erstens die Mittel, mithilfe derer wir entdecken, »wer« in unseren Gesichtskreis gekommen ist, das heißt unsere Verortungspraktiken, und zweitens die Mittel zur Benennung dessen, was wir auf diese Weise verortet haben.

In Hinsicht auf die Verortung ist es klar, daß die äußere Erscheinung, die bei beiden Geschlechtern als angemessen gilt, die Typisierung der Geschlechter schon aus einiger Entfernung ermöglicht. Obwohl dieses Arrangement in letzter Zeit gewisse Täuschungspotentiale entwickelt hat, ist es aus jedem Winkel und auf fast jede Distanz noch immer erstaunlich er-

17 Wenn wir schon die besonderen Gründe für die selektive Verteilung von Frauen auf dem Arbeitsmarkt ansprechen, sollten wir auch einen parallelen Prozeß erwähnen, nämlich die Plazierung hochgewachsener, gepflegter weißer Männer auf stark exponierten Posten in der Verwaltung oder der Politik, auf denen sie dann als Repräsentanten von Organisationen gelten und in deren Namen deren besonderer Öffentlichkeit gegenübertreten.

folgreich, wobei die Sichtweite lediglich die Wahrnehmung einer Gestalt ermöglichen muß. Dem Erfolg der optischen Verortung entspricht der Erfolg der akustischen: Im großen und ganzen genügt allein die Stimme – wie etwa am Telefon – zur geschlechtlichen Identifikation. Sogar die Handschrift kann dazu dienen, wenn auch vielleicht nicht so eindeutig wie die äußere Erscheinung oder die Stimme. (Lediglich große Altersunterschiede werden ebenso erfolgreich auf jedem der drei Kanäle – Handschrift, visuelle Erscheinung und Stimme – entlarvt; ethnische Zugehörigkeit wird in Amerika hingegen visuell und im großen und ganzen auch durch die Stimme übermittelt, sie zeigt sich jedoch nicht in der Handschrift.)

Was die Benennung angeht, verfügen wir über ein Zeichensystem, das passende Eigennamen, Anreden und Pronomen umfaßt. Diese Mittel dienen der Bekundung von Achtung (sei es Respekt, Distanz oder Zuneigung), sie dienen der Bestimmung derjenigen Person, an die wir uns wenden oder auf die wir uns unter den Anwesenden beziehen, und sie dienen der Kennzeichnung in schriftlichen oder mündlichen Äußerungen. Und in den meisten europäischen Sprachen geben diese Benennungspraktiken, von den Pronomina für die zweite Person einmal abgesehen, wenigstens Auskunft über die Geschlechtsklasse, ja oft ist dies sogar das einzige, worüber sie Auskunft geben.

Nun dienen die Praktiken der Verortung und Benennung, wenn man sie als ein einziges System behandelt, zur Bestimmung derjenigen, mit denen wir Umgang haben, und sie ermöglichen so erst die Fortsetzung dieses Umgangs; beide Gruppen von Praktiken bestärken in hohem Maße die Kategorisierung entlang der Linie der Geschlechtsklassen. Schon vom Anbeginn einer Interaktion gibt es also eine Tendenz dazu, Dinge in geschlechtsbezogenen Begriffen zu formulieren; auf diese Weise stellt die Geschlechtsklasse ein Gesamtprofil oder einen Behälter zur Verfügung, auf das die unterscheidenden Merkmale zurückgeführt oder in den sie hineingeleert werden können. Die Neigung dazu ist beileibe nicht schwach entwickelt. Und sie wird, wie wir hinzufügen müssen, noch dadurch verstärkt, daß dieses Identifikations-Benennungs-System meist durch die Überzeugung gerechtfertigt wird, die daraus entstehenden Diskriminierungen seien nur natürlich – also etwas, das nicht als Produkt persönlicher oder sozialer Bearbeitung, sondern vielmehr als ein natürliches Phänomen gesehen werden muß.

VII.

Ich habe fünf Beispiele für institutionelle Reflexivität angesprochen – fünf Merkmale der sozialen Organisation, die zu einer Verfestigung unserer Geschlechtsrollenstereotypen und des vorherrschenden Arrangements der Geschlechter führen: die geschlechtsklassenspezifische Arbeitsteilung, Geschwister als Sozialisationsagenten, den Umgang mit der Toilette, Aussehen und Arbeitsplatzvergabe und unser Identifikationssystem. Ein all diesen Beispielen zugrundeliegendes Merkmal waren die biologischen Unterschiede zwischen den Geschlechtern. Auf dieses Thema komme ich nun zurück, insbesondere auf Unterschiede hinsichtlich der Größe, der Stärke und der Aggressivität.

Mein durchgängiges, nun selbstverständlich gewordenes Argument war, daß die körperlichen Unterschiede zwischen den Geschlechtern als solche keine große Bedeutung für die menschlichen Fähigkeiten haben, die wir zur Bewältigung der meisten Aufgaben benötigen. Dann aber lautet die interessante Frage: Wie konnten in der modernen Gesellschaft derartig irrelevante biologische Unterschiede zwischen den Geschlechtern eine anscheinend ganz enorme soziale Bedeutung gewinnen? Wie wurden diese biologischen Unterschiede, ohne biologische Notwendigkeit, sozial erweitert? Und wiederum wird meine Antwort auf institutionelle Reflexivität hinauslaufen.

1. Würde jede zwischenmenschliche Begegnung die Gelegenheit zu einer handgreiflichen Auseinandersetzung bieten, dann hätten die biologischen Unterschiede zwischen den Ge-

schlechtsklassen zweifellos einige Bedeutung, denn in solchen Auseinandersetzungen müßte sich der Schwächere bei dem Versuch zu siegen entweder völlig verausgaben oder aber in Sicherheit bringen, wobei in gemischtgeschlechtlichen Kontakten »der« Schwächere meistens eine »sie« wäre. Im Erwachsenenalter sind solche Prüfungen größtenteils ausgeschlossen. Aber die Phantasie speist sich noch aus dieser Quelle. Unter jungen Männern – und nur unter ihnen – sind, wenn auch nur rudimentär, Training und Anwendung von Box- und Ringtechniken weit verbreitet. Anstatt sich aber bei der Gelegenheit körperlicher Herausforderung zu überschlagen, lernen Männer, sich gewissermaßen aufeinander abzustimmen. Jedenfalls liegt hierin eine wesentliche Quelle der Metapher des Duells oder des Niederschlagens. Selbst Männer der Mittelschicht sind stets bereit, sich (zur Verteidigung des Selbst) körperlich zur Wehr zu setzen oder jemand anderen anzugreifen (um geliebte Personen, Eigentum oder Prinzipien zu verteidigen). Zumindest unter Männern der Mittelschicht kommt es selten zum konkreten Kampf, aber sie taxieren Situationen hinsichtlich dieser Möglichkeit. Bevor ein Mann offen aggressiv wird, schätzt er also die möglichen Folgen daraufhin ab, ob die Sache »endgültig aus der Welt geschafft werden« und er mit dem anderen »fertig werden« kann. (Natürlich wird er sich auch überlegen, ob er eine »Szene« macht und den damit verbundenen schlechten Ruf, den Ärger mit der Polizei und dem Gericht, die kosmetischen Entstellungen usw. in Kauf nimmt). Dieses Austaxieren und Einschätzen der Lage führt zu großer Behutsamkeit und Vorsicht; deshalb entsteht auch oft der täuschende äußere Eindruck, als sei die Möglichkeit eines Kampfes grundsätzlich ausgeschlossen. Tatsächlich aber können wir nicht sagen, das Modell des Kampfes diene nicht mehr als ein leitendes Muster; vielmehr erfüllt es seine Dienste sehr gut.

Wie der Kampf den Umgangsstil zwischen Männern prägt und ihre Vorstellungen davon leitet, so finden wir auch im Umgang der verschiedenen Geschlechter miteinander ein Bild der sexuellen Bürde oder des sexuellen Zwangs. Es wird angenommen, daß sich feste Beziehungen aus den aggressiven Eröffnungshandlungen der Männer heraus entwikkeln, aus dem Einreißen von Grenzen und Schranken, aus der Verfolgung eines Ziels, aus dem Beharren auf dem eigenen Interesse. (In der Tat steuert die Literatur eine beachtenswerte Variante bei, in der diese Vorstellungen sozusagen mythisch verdichtet sind: Sie wird durch Hände symbolisiert, die anfangs erfolglos versuchen, einen Vergewaltiger abzuwehren und am Ende einen Liebhaber liebkosen. Anscheinend versuchen einige echte Vergewaltiger, wenn auch erfolglos, diese Phantasie zu verwirklichen.[18]) Offensichtlich ist die Situation des draufgängerischen Hofmachens, in der angeblich der wahre Charakter der männlichen Animalität zum Vorschein kommt, eine der wenigen Situationen, in der auf die Geschlechtsunterschiede bezogene Mythen verwirklicht werden können. Grundlegende soziale Tatsachen werden also weniger in diesen Bereich hineingetragen als vielmehr aus ihm herausgezogen.

2. Wenden wir uns nun dem Dimorphismus sozialer Situationen zu. Da Männer größer und stärker als Frauen sind, können sie, falls ihnen danach ist, den Frauen in bestimmten Situationen zu Hilfe kommen, beispielsweise wenn es um das Tragen schwerer oder das Erreichen außerhalb der Reichweite befindlicher Gegenstände geht. Aus denselben Gründen können Männer anwesende Frauen körperlich bedrohen oder ihnen, sollten andere sie bedrohen, zu Hilfe eilen. Alle diese Fälle bieten Männern die Gelegenheit, aktiv zu werden, und sie bieten Frauen die Gelegenheit, ihnen dafür Anerkennung zu zollen, wenn nicht sogar Dankbarkeit zu erweisen. Dabei ist zu beachten, wie diese sozialen Praktiken es Männern und Frauen ermöglichen, diese Bestätigungen ihres sozialen Geschlechts zu inszenieren.

Bekanntlich werden Männer von Kindheit an darin geschult, außerhäusliche Tätigkeiten zu verrichten, sie erwer-

18 Vgl. Russell [Fußnote 12].

ben mechanische, elektrische, kraftfahrtechnische und sonstige Kompetenzen. Oft werden ihnen auch einige grundlegende Kenntnisse in den Kampfsportarten vermittelt. Männer gehen ebenso selbstverständlich mit diesen Vorteilen in soziale Situationen hinein wie Frauen ohne sie hingehen.

Sowohl der Größenunterschied wie auch der Unterschied in der Körperkraft hat eine soziale Dimension. Obwohl Männer insgesamt größer und stärker als Frauen sind, weisen die graphischen Kurven der normalen Verteilung eine beträchtliche Zone der Überschneidung zwischen beiden Geschlechtern auf. Würde man die herrschenden Konventionen umkehren und entsprechende Maßnahmen ergreifen, dann könnten bei sehr vielen Paaren die Männer kleiner als oder genauso groß wie ihre weiblichen Partnerinnen sein. Doch tatsächlich stellt die gängige selektive Paarbildung sicher, daß Ehemänner und Freunde fast ohne Ausnahme größer als ihre Frauen und Freundinnen sind. (Hier haben wir es mit einem Paradebeispiel einer Norm zu tun, die ohne offizielle oder spezifische Sanktionen eingehalten wird, wobei unbestimmbare, unzugängliche Rahmenbedingungen anscheinend verhindern, daß es zu völliger Konformität kommt.) Da nun unsere westliche Gesellschaft zum allergrößten Teil in Gestalt von Paaren organisiert ist in dem Sinn, daß sich die beiden Teile der Paare häufig in gegenseitiger Anwesenheit befinden (am meisten natürlich in der Freizeit und in der häuslichen Sphäre), gibt es viele Situationen, in denen Männer demonstrieren können, daß sie Frauen körperliche Hilfe leisten oder sie körperlich bedrohen. Das Band der Ehe – was immer es sonst noch sein mag – kann als etwas gesehen werden, das einen Zuschauer mehr oder weniger ständig direkt an einen Darsteller bindet. So ist sichergestellt, daß, wohin auch immer der Mann oder die Frau geht, ein passendes Gegenstück dabei ist, um die Inszenierung der Geschlechtsrollendarstellung zu erwidern. Die Paarbildung erzeugt ein wechselseitiges aneinander gebundenes Publikum. Und das gilt keineswegs nur für Ehe- oder Liebespaare. Selbst vorübergehende, nur zu bestimmten sozialen Anlässen gebildete Paarformationen sind wahrscheinlich so zusammengesetzt, daß einmal mehr der Mann in der Lage ist, sich in den Mittelpunkt zu stellen, ohne durch die Gegenwart einer körperlich möglicherweise dafür besser ausgestatteten Frau in Verlegenheit zu kommen. Der übliche Altersunterschied zwischen den sich paarenden Geschlechtern stellt außerdem sicher, daß der Mann im großen und ganzen erfahrener und begüterter ist als die Frau, was wiederum seiner Darstellung von Überlegenheit zugute kommt, die er in sozialen Situationen an den Tag legt.

Zusammengefaßt untermauert die frühe Erziehung das, was durch die selektive Wahl nach Alters- und Größenunterschieden verstärkt wird, nämlich soziale Situationen, in denen sich Frauen und Männer ihre angeblich unterschiedliche »Natur« gegenseitig wirkungsvoll vorexerzieren können. So kann der Eindruck aufrecht erhalten werden, daß alle Frauen in jederlei Hinsicht weniger Muskeln als Männer entwickeln. Diese Zweiteilung entspricht nicht den biologischen Tatsachen, denn tatsächlich setzt sich die körperliche Leistungsfähigkeit aus verschiedenen Komponenten zusammen, die nur sehr lose miteinander in Verbindung stehen; dabei kann keine saubere Trennlinie zwischen den beiden Geschlechtsklassen gezogen werden. Und doch müssen schwächliche Männer und vor allem kräftige Frauen aufgrund der geschlechtsklassenspezifischen Verhaltensmuster mit jederzeit möglichen Angriffen rechnen, die allein mit ihrer Geschlechtsklasse und nicht mit ihrer Statur in Zusammenhang stehen.

3. Wettkampfsport und Spiele machen in unserer Gesellschaft einen wichtigen Aspekt im Leben von Kindern, besonders von Jungen, aus. Dieses organisierte Wetteifern wird von den Erwachsenen als etwas Wünschenswertes hingestellt. In diesem Bereich können die jungen Leute ihre animalischen Kräfte abreagieren, hier können sie Fairneß, Ausdauer und Teamgeist lernen, hier bekommen sie Bewegung und hier entwickeln sie den Willen, auch gegen Widerstände um den Sieg zu kämpfen: Dieser Bereich ist, kurz gesagt, ein Übungsplatz für das Spiel

des Lebens. (Werden Jungen in das Kämpfen eingewiesen, wird der Unterricht im Rahmen eines fairen Wettkampfs ablaufen, bei dem Regeln und Schiedsrichter dafür sorgen, daß nichts außer Kontrolle gerät.) Wir könnten diesen Rahmen des Wettkampfs genausogut aber als den einzig gangbaren Weg ansehen, um die Welt auf eine Weise aufzubauen, daß sie so erscheint, wie wir es meinen. Der Sport, so könnten wir behaupten, ist nicht nur eine unter vielen Ausdrucksformen unserer menschlichen (und besonders der männlichen) »Natur«, sondern vielmehr die einzige Ausdrucksform der männlichen »Natur« – ein Arrangement, das speziell dazu geschaffen wurde, Männern die Demonstration von Eigenschaften zu ermöglichen, die als für sie charakteristisch gelten: Stärken verschiedener Art, Widerstandskraft, Ausdauer und dergleichen mehr. Infolge dieses frühen sportlichen Trainings verfügen Individuen ihr ganzes Leben hindurch über einen Rahmen zur Einschätzung von Arrangements und der entsprechenden Reaktionen, ein Bezugssystem, das Beweise, vielleicht sogar *den* Beweis dafür liefert, daß wir eine bestimmte »Natur« haben. Der Zuschauersport der Erwachsenen, ob »live« und medial vermittelt, sorgt für die fortwährende Erinnerung an diese Wettbewerbseinstellung.

Eine wichtige Bemerkung muß noch zu Wettkämpfen gemacht werden. Fairneß entsteht nicht allein durch das Befolgen von Spielregeln, sondern verlangt ferner die Auswahl ebenbürtiger Gegner oder die Einrichtung eines Handicaps für überlegene Gegner. Nur so ist ein unvorhersagbarer und daher spannender Ausgang garantiert. Um aber die biologischen Unterschiede richtig verstehen zu können, müssen wir folgendes beachten: Selbst in der so bunt zusammengewürfelten Welt des Sports kann nur eine sehr sorgfältige Auswahl der Gegner die Bedingungen schaffen, unter denen zusätzliche Anstrengungen den Ausschlag geben, das heißt, unter denen das Äußerste an körperlicher Technik, Ausdauer und Kraft zum Sieg erforderlich ist. Im Sport gibt es aber auch Situationen, in denen das Gewicht, die Reichweite oder die Größe entscheidend sind. Hier nun wurden die bestehenden biologischen Unterschiede zwischen Mann und Frau geltend gemacht. Damit aber diese Unterschiede überhaupt eine Rolle spielen können, müssen sie durch die eben erwähnten Vorkehrungen herausgehoben worden sein. Im heutigen bürgerlichen Leben verlangen aber nur sehr wenige Berufe solche über das Gewöhnliche hinausgehende zusätzliche Anstrengungen, solche ständigen Überforderungen der physischen Kapazitäten. Und doch sind es gerade die Unterschiede in der Fähigkeit zu zusätzlichen Anstrengungen zwischen den Starken und den Schwachen, den Robusten und den Zierlichen, den Großen und den Kleinen, die in unsere Vorstellungen des Zusammenhangs zwischen Arbeit und Geschlecht eingehen.

4. Desweiteren müssen wir das spielerische Verhalten untersuchen. Fälle der Androhung und Anwendung körperlichen Zwangs werden in vielen sozialen Kreisen wirklich sehr selten vorkommen. Weil aber solche soziale Umgebungen die Inszenierung des sozialen Geschlechts nicht gerade fördern, kann es nötig werden, zu diesem Zweck auf den Bereich des Sports auszuweichen. Dieser Mangel kann aber auch durch improvisiertes spielerisches Verhalten ausgeglichen werden, das reichlich Gelegenheit zu vorgespielter körperlicher Überlegenheit bietet. So sind unter Männern verschiedene Formen von Grobheiten gängig – wie Schubsen, Stoßen, Boxen, Festhalten –, aber auch Schein-Wettkämpfe, wie etwa Ringen, spontane Wettrennen, Wettkämpfe im Armdrücken und dergleichen mehr. Auch im Umgang über die Geschlechtergrenzen hinweg können Männer Frauen bei Umarmungen einfach hochheben, spielerisch verfolgen, gewaltsam in einer bestimmten Position festhalten; sie können ihre zwei kleinen Handgelenke mit einer großen Hand packen, ein Boot zum Spaß schaukeln lassen, jemanden ins Wasser tunken, werfen oder schubsen, mit Wasser bespritzen, scheinbar von einer Klippe stoßen wollen, mit kleinen Steinchen bewerfen, sich an jemanden mit Schlangen, toten Ratten, Tintenfischen oder anderen ekelerregenden Objekten heranschleichen, mit elektrischen Schocks von einer Stärke, die sie selbst aushalten können, bedrohen und sich noch an-

dere Späße erlauben.[19] Dadurch, daß die Männer gerade diejenigen Bedrohungen und Qualen zum Spaß vorführen, vor denen sie Frauen im Ernstfall beschützen könnten, ermutigen sie die Frauen dazu, die Notlage lauthals zu verkünden, wozu ihr Geschlecht allem Anschein nach neigt. Und natürlich kann auch die Frau selbst jene spielerischen Rahmenbedingungen schaffen, die ihr die Zurschaustellung ihres sozialen Geschlechts ermöglichen: etwa wenn sie den Mann, der sie festhält, so mit den Fäusten bearbeitet, als habe sie schon längst jede Hoffnung darauf aufgegeben, dem Riesen, der sie in der Hand hat, entrinnen zu können; wenn sie sich die Augen vor den schrecklichen Dingen zuhält, die auf der Leinwand gezeigt werden, während er lachend hinsieht; wenn sie sich kreischend vom äußerst spannenden Endkampf des Pferderennes abwendet; wenn sie mit gesenktem Kopf und aus gespieltem Entsetzen über den Gegenverkehr, mit wild herumfuchtelnden Armen über die Straße rennt; wenn sie erfolglos und unter scheinbarer Aufbietung all ihrer Kräfte versucht, ein Einmachglas zu öffnen; wenn sie größte Angst andeutet, wenn das Telephon klingelt und einen unangenehmen Anruf meldet; wenn sie gestikulierend zu verstehen gibt, daß der Weg zum Wasser über die Steine ihre empfindlichen Füße zugrunde richtet; oder wenn die Kälte sie so schaudern macht wie ›die kleine Eliza auf der Eisscholle‹.[20]

5. Ich habe behauptet, daß Genderismen nicht durch die Konfrontation mit einer unerbittlichen Außenwelt an sich entstehen,

---

19 In ländlichen Gebieten bot früher der »Square Dance« den Männern eine hübsch geordnete Gelegenheit, ihre Partnerinnen hochzuheben, was diese mit lustvollen Angstschreien zu begleiten pflegten, und all dies vor den Augen der ganzen Gemeinde. Kinder sind natürlich noch häufiger Opfer spielerischer Attakken, sie werden in die Luft geworfen und wieder aufgefangen, an den Händen geschaukelt und so weiter. Außerdem gibt es besondere Spielumgebungen wie etwa Schwimmbäder, Heuschober und ähnliches, die eine ganze Palette ausgelassener Spiele erlauben, was auch eine ihrer Funktionen ist.

20 Goffman spielt hier auf eine Szene aus »Onkel Toms Hütte« von Harriett Beecher-Stowe an, in der Eliza und ihr Sohn Harry ihren Verfolgern entkommen, indem sie sich auf Eisschollen über den Ohiofluß retten (A. d. Ü.).

sondern in einer Umwelt, die speziell für den Zweck eingerichtet wurde, sie gewissermaßen heraufzubeschwören. Beachten wir also, daß Individuen nicht erst abwarten müssen, bis die Umwelt diejenigen Umstände hervorbringt, auf die die Zurschaustellung eines Genderismus die passende Reaktion ist. Individuen können einem Muster folgen, durch das die Umwelt automatisch so umgeformt wird, daß sie eine solche Zurschaustellung auslöst und gleichzeitig brauchbare Mittel zur rituellen Bewältigung zur Verfügung stellt. Wir denken hier sogleich an einen ritterlichen Mann, der einer – nur bekannten oder unbekannten – Frau dabei hilft, eine schwere, schmutzige oder gefährlich gelagerte Ladung zu befördern; folglich ist er für uns jemand, der einem bei Schwierigkeiten prinzipiell fürsorglich zur Seite steht. In der Tat aber kann ein Mann, der auf diese Art von Ritterlichkeit erpicht ist, absichtlich nach einer Kulisse suchen, in der einer Frau die schwersten, schmutzigsten oder gefährlichsten Dinge zustoßen können, um ihr bei dem, was dann passiert, seine Hilfe anzubieten. Sein Beistand wird daraufhin wahrscheinlich durch ihre Dankbarkeit für seine Aufmerksamkeit ihr gegenüber entschädigt. Selbstverständlich gibt es in *jeder* sozialen Situation, in der Frauen (oder wer auch immer) vorkommen, eine schwerste, schmutzigste und gefährlichste Angelegenheit, auch wenn es sich, im Vergleich zu den üblichen Standards anderer Schauplätze, um leichte, saubere und ungefährliche Dinge handeln mag. (Hier besteht eine Symmetrie: Auch eine Frau kann nämlich verschiedene Kulissen aufsuchen, die einerseits irgend etwas beinhalten, das es ihr ermöglicht, Zeichen der Schwäche, Angst oder technischen Unwissenheit von sich zu geben, oder die – andererseits – ihre Befähigung herausstellen, mindere Hausfrauenarbeiten verrichten zu können.)

6. Ich habe festgestellt, daß jede physische Umgebung, jeder Raum und jedes Gehäuse einer sozialen Zusammenkunft unvermeidlich Mittel bereitstellt, die zur Darstellung des sozialen Geschlechts und zur Bestätigung der Geschlechtsidentität benutzt werden können. Natürlich kann aber auch die soziale Interaktion, die an diesen Orten stattfindet, als Lieferant dieser Mittel

angesehen werden. In jeder Zusammenkunft müssen die Teilnehmenden eine Art mikroökologische, voneinander abhängige Position einnehmen, und diese Positionen liefern sowohl unmittelbare Metaphern für soziale Unterschiede und Ähnlichkeiten als auch Hilfszeichen zur Übermittlung des relativen Status.

Noch wichtiger ist aber, daß die Organisation des Sprechens selbst eine Fülle von Ereignissen hervorbringt, die als Zeichen benutzt werden können. Wer gerät in die unmittelbare Reichweite eines anderen oder begibt sich selbst hinein? Wer eröffnet ein Gespräch? Wer ist der ausgewählte Adressat? Wer setzt sich als nächster Sprecher beim Redezugwechsel durch? Wer bringt die Themen auf und wechselt sie? Wessen Aussagen werden beachtet und für wichtig befunden? – und so weiter. Was für die sprachliche Interaktion gilt, trifft auch auf die gemeinsame Beteiligung an stillen Tätigkeiten zu, wie etwa gemeinsames Spazierengehen, Gegenstände arrangieren und ähnliches. Aus organisatorischen Gründen ist es nämlich auch hier erforderlich, daß jemand die Entscheidungen fällt und die Handlungen koordiniert. Und wiederum hat jemand die offensichtlich unvermeidbare Gelegenheit, dominant aufzutreten, auch wenn es sich nur um triviale Dinge handelt.

Ein Interaktionsfeld stellt also beträchtliche expressive Mittel zur Verfügung, und auf dieses Feld richten sich natürlich auch die Erziehung und die Glaubensvorstellungen der Beteiligten. Genau hier, in der Organisation der unmittelbaren Interaktion, kommen die Geschlechtsklassen spürbar zum Vorschein, denn hier können die Auffassungen über geschlechtsklassengebundene Dominanz als ein Mittel zur Entscheidung darüber eingesetzt werden, wer entscheiden darf, wer führt und wer folgt. Einmal mehr bieten diese Szenerien weniger die Möglichkeit zum Ausdruck natürlicher Unterschiede, als vielmehr zur Erzeugung dieses Unterschieds als solchem.

Ich möchte behaupten, daß die Fähigkeit, soziale Situationen auf Dinge hin zu untersuchen, die zwangsläufig in ihnen auftreten, von beträchtlicher Bedeutung ist. In der Sozialisation von Jungen und Mädchen ist das Erlernen dieser Fähigkeit, eine Situation im Hinblick auf das zu betrachten, was aus ihr ausdrücklich herausgeholt werden kann, eine der grundlegendsten Dinge. Dieses Fähigkeit wiederum hängt vom jeweils kulturspezifischen Ausdruckstil ab, der sich aus verschiedenen Quellen speist: etwa – in der westlichen Kultur – aus der Einübung in die idealen expressiven Welten des Spiels und des Wettbewerbs, aus Bildern aus der Tierwelt, aus Restbeständen der militärischen Ausbildung usw. Folglich sind Männer und Frauen in der Lage, jede laufende soziale Aktivität nach den Mitteln abzusuchen, die der Darstellung des sozialen Geschlechts dienlich sind. Und natürlich tragen diese Mittel entscheidend zur Organisation bei: Es geht hier, wie bereits angedeutet, um die Frage, wer die Entscheidungen hinsichtlich einer Vielzahl kleinerer Aufgaben fällt, die zusammengesetzt einen reibungslosen gemeinsamen Handlungsablauf ermöglichen. Einige dieser organisatorischen Aufgaben müßten gar nicht bewältigt werden; viele könnten durch den Bezug auf andere Statuskategorien gelöst werden. Doch da diese Aufgaben heutzutage faktisch unter Bezugnahme auf die Geschlechtsklassen bewältigt werden und da verschiedene institutionelle Praktiken die gemeinsame Gegenwart von Männern und Frauen garantieren, stellt sich die Frage, ob diese Rituale als ein Mittel zur Verfestigung der Sozialstruktur angesehen werden sollen oder ob die Bedeutung der Sozialstruktur darin gesehen werden soll, daß sie, wenigstens in ihren bedeutendsten Aspekten, einen Rahmen für expressive Darstellungen abgibt, der bei der Organisation sozialer Situationen behilflich ist. (Was nicht heißen soll, daß die Sozialstruktur lediglich ein fiktives Konstrukt oder nur insofern wirklich ist, als sie das beeinflußt, was in unmittelbaren Interaktionen geschieht.)

VIII.

Ich habe behauptet, daß Frauen eine benachteiligte Gruppe besonderer Art darstellen, da unter allen benachteiligten Gruppen allein sie – von Kindern einmal abgesehen – idealisiert werden, und zwar in der westlichen Gesellschaft – als reine, zarte und wertvolle Objekte, als Spenderinnen und Empfängerinnen von Liebe und Zuwendung, wobei dieses Spenden und Empfangen ja in gewisser Weise als ihre Aufgabe angesehen wird. Weiterhin bin ich auf einen bestimmten Typus institutioneller Reflexivität näher eingegangen. Damit meine ich, daß tief verankerte institutionelle Praktiken so auf soziale Situationen wirken, daß diese sich in Kulissen zur Darstellung von Genderismen beider Geschlechter [sexes] verwandeln. Viele dieser Aufführungen nehmen dabei eine rituelle Form an, welche die Glaubensvorstellungen über die unterschiedlichen »Naturen« der beiden Geschlechter bekräftigt und dabei zugleich Hinweise dafür liefert, wie das Verhalten der zwei unterschiedlichen Geschlechter so verzahnt werden kann, daß sie sich vermischen können. Wenden wir uns nun der Politik dieser Rituale zu.

Zuerst ist festzuhalten, daß sich die traditionellen Idealbilder von Weiblichkeit und Männlichkeit insofern ähneln, als die Vorstellungen über das jeweils andere Geschlecht von beiden Geschlechtern unterstützt werden. Zugleich ergänzen sie einander darin, daß sich das Idealbild der Frau von dem des Mannes unterscheidet und dennoch beide zusammenpassen. Schwäche paßt zu Stärke, Sanftheit zu Strenge, frageloses Befolgen zu Zielstrebigkeit, technisches Unwissen zu technischer Kompetenz, Empfindlichkeit gegen Verschmutzung zu Unempfindlichkeit gegen Verschmutzung und so weiter. Es zeigt sich also, daß eine Frau dem Idealbild der Weiblichkeit nur entsprechen kann, wenn sie sich von den Unbilden, vom Schmutz und von den Konkurrenzkämpfen in der Welt außerhalb des Haushalts fernhält. Auf diese Weise haben diese Idealbilder eine politische Wirkung, indem sie nämlich den männlichen Personen die Hälfte der Konkurrenz im Wettstreit ersparen, die ihnen andernfalls das Leben schwer machen könnte. (Eine ähnliche Wirkung kann der Klassifizierung nach Altersklassen und der verspäteten Einschulung zugeschrieben werden.) Das heißt natürlich nicht, daß eine Frau nicht die Fähigkeit hat, ihre Verehrer untereinander um ihre Hand wetteifern zu lassen, sondern nur, daß dieses weibliche Können – wie sie ja selbst – vom Hauptschauplatz verbannt ist. Sogar jene

Frauen, die fähig und bereit dazu sind, die ihnen zukommenden Gunstzuweisungen zu opfern und gegen die Anerkennung im Arbeitsleben einzutauschen, werden bemerken, daß sie den Unwägbarkeiten des Arbeitsplatzes ganz anders ausgesetzt sind als Männer. Dieser Unterschied grenzt aber zumindest die Mittelschichtsfrauen weiterhin aus, da sie ja im Wesentlichen einem arbeitsmarktfernen privaten Bereich angehören.

Diese Ausgrenzung selbst ist jedoch von besonderer Art. Wie gesagt, sichert ja die soziale Organisation, daß Männer und Frauen sich in einer gemeinsamen Gegenwart begegnen. Frauen sind eine benachteiligte Gruppe, die zumindest in der modernen Gesellschaft nicht in schlechten Wohnvierteln oder Kasernen am Stadtrand versteckt wird. Folglich wird dem Unterschied zwischen den Geschlechtsklassen sehr wahrscheinlich ein ritueller Ausdruck verliehen werden.

Verteidiger dieses herkömmlichen Arrangements können somit den hohen Wert, der der Weiblichkeit verliehen wird, als Ausgleich und Entschädigung für den wesentlichen Beitrag ansehen, den Frauen in der häuslichen Sphäre aufbringen müssen, und für ihre untergeordnete Stellung in oder sogar ihren Ausschluß aus der Öffentlichkeit. Und die besonderen Höflichkeiten gegenüber Frauen können als Wiedergutmachung für die reservierte Rolle verstanden werden, zu der sie verpflichtet sind, während ihnen die Höflichkeiten zuteil werden. Was an der Situation von Frauen als gut angesehen werden kann, scheint immer auch das zu bemänteln, was man für schlecht halten könnte. Jede Gunst, die die Gesellschaft den Frauen erweist, kann somit als ein zweifelhafter Segen angesehen werden.

IX.

Sicherlich trifft die Behauptung zu, daß unsere Gesellschaft sexistisch ist – so wie diese Behauptung für Gesellschaften im allgemeinen gilt. Ein beträchtlicher Teil dessen, was männliche Personen tun, um ihre Identität zu bestätigen, muß etwas sein, zu dem Frauen allem Anschein nach aufgrund ihrer »Natur« nicht oder wenigstens nicht richtig in der Lage sind; und das gilt umgekehrt auch für weibliche Personen. Zudem werden einige dieser individuellen Handlungen in Anwesenheit des anderen Geschlechts ausgeführt. Diese Konstellation wird durch verschiedene institutionelle Praktiken gefördert, und sie ermöglicht eine dialogische Darstellung der Identitäten. Die rituellen Äußerungen der einen Partei erhalten rituelle Antworten der anderen, und beide Darstellungen sind notwendig, damit die menschliche »Natur« der beteiligten Individuen ihren vollständigen Ausdruck finden kann. Aber nicht genug damit, daß weibliche Personen sich – »natürlich« – in einer ergänzenden Position zu männlichen Personen befinden; für die Frauen bedeutet diese Position auch Verletztlichkeit und – in den Augen einiger – Unterdrückung. Betrachten wir unter diesem Aspekt und zur Veranschaulichung das öffentliche Leben.

Wo auch immer ein Individuum sich befindet und wohin auch immer es geht, es muß seinen Körper dabeihaben. Das bedeutet, daß auch die Verletzungen, die Körper anderen zufügen oder selbst erleiden können, als immer aktuelle Möglichkeit Teil jeder Situation sind. Bei den erlittenen Verletzungen lassen sich zwei Arten nach ihrem Ursprung unterscheiden. Erstens unpersönliche Gefährdungen, die dem Schauplatz zugeschrieben werden und nicht als speziell auf das Opfer gerichtet verstanden werden: physische Gefahren wie Feuer, fallende Gegenstände, zufällige Zusammenstöße usw.; medizinische Gefahren wie Ansteckungen, Vergiftungen usw.; Verunreinigungen des Körpers durch Gestank und Schmutz. Die Gefährdungen der zweiten Art, die uns hier mehr interessieren, sind soziale Gefährdungen, die als Folge einer böswilligen Absicht verstanden werden. Hierzu gehören vor allem körperliche Attakken, Raub, sexuelle Belästigung, Entführung, Nötigung, Bruch konversationeller Rechte, sprachliche Beleidigung in bereits laufenden Gesprächen und Aufdringlichkeit. In wessen Gegenwart sich ein Individuum auch immer befinden mag, es kann diese anderen hinsichtlich dieser sozialen Gefährdungen verletzen und in gleicher Weise von den anderen verletzt werden.

Nun gehört es zu den wesentlichen Merkmalen des öffentlichen Lebens – vor allem wenn einander unbekannte Individuen aufeinander treffen –, daß die Neigung, die unmittelbare Verletzbarkeit anderer auszunutzen, unterdrückt, wenn nicht sogar verdrängt wird. Dem Alltagsverständnis zufolge können sich Personen tatsächlich körperlich nahe sein und dennoch gleichzeitig keinerlei Interesse aneinander bekunden, so daß z.B. noch nicht einmal die sozialen Merkmale des Gegenübers wertend eingeschätzt werden. Der Inbegriff dieses Arrangements ist die »höfliche Unaufmerksamkeit« unter einander Unbekannten; ein Vorgang, bei dem man einander kurz anblickt, um auszudrücken, daß man weder böse Absichten hat noch vom anderen erwartet und dann den Blick wieder abwendet mit einem Gefühl, das eine Mischung aus Vertrauen, Rücksichtnahme und scheinbarer Sorglosigkeit ist.

Diese Anordnung, bei der ein Individuum keinerlei Schwierigkeiten macht, sich keinen Schwierigkeiten aussetzt und bei der beide Erwartungen in hohem Maße begründet scheinen, wird erfahrungsgemäß durch die Instrumente der sozialen Kontrolle abgesichert. Eines dieser Instrumente ist das Gesetz (wenigstens pflegte man das zu glauben), ein anderes ist die Mißbilligung und die moralische Verurteilung durch Zeugen der Handlung – die faktisch der Androhung einer Verleumdung gleichkommt. Wenn Männer von Männern (oder Frauen von anderen Frauen) angegriffen werden, kann es auch zu körperlichen oder sprachlichen Gegenangriffen kommen; somit besteht die Gefahr, im Gegenzug das einstecken zu müssen, was bis dahin zurückgehalten worden war, und dabei gleichviel oder gar mehr einstecken zu müssen, als man selbst ausgeteilt hatte.

Es ist natürlich bekannt, daß sich die üblichen Standards an sozialer Kontrolle in der Öffentlichkeit leicht als unzureichend herausstellen können; und selbst wenn das nicht der Fall ist, können Individuen natürlich zur Auffassung gelangen, daß dem so sei. Infolgedessen fühlen sie sich in der Öffentlichkeit unsicher. Ich möchte mich nun der besonderen Situation von Frauen unter diesen Umständen zuwenden.

Wie gesagt, werden Frauen nicht im Kämpfen unterwiesen. Vielmehr werden sie zum Einsatz ziemlich passiver Mittel ermutigt, um Kämpfen aus dem Weg zu gehen oder um sich aus bereits begonnenen Kämpfen zu retten. Im Falle eines Angriffs sind Frauen deshalb im Vergleich zu angegriffenen Männern weniger wehrhaft und so werden sie auch eingeschätzt. (Vermutlich können wir auch sagen, daß Männer Angst davor haben müssen, als Feigling bloßgestellt zu werden, und daß Frauen dies nicht zu befürchten haben.) Offenbar sind Frauen auch im Nachteil, wenn es darum geht, auf Angriffe mit Beschimpfungen zu antworten. Sie stehen vor einem regelrechten Dilemma: Wenn eine Frau nämlich gegen einen Übergriff schimpfend protestiert, dann tritt ihr Selbst in die Interaktion ein und ratifiziert damit die Zwangsbeziehung, die ihr bis dahin gegen ihren Willen aufgedrängt worden war. (Zweifellos ein hinterhältiger Trick von Seiten der gesellschaftlichen Ordnung.) Da sie nicht in die Welt des Kampfes eingeführt ist, kann sie sich also dabei ertappen, eine Beschimpfung scherzhaft zu kontern – während ein Mann, im Bewußtsein der möglichen Eskalation, eine solche Reaktion nicht wagen würde. Dieser Konter erfordert eine Antwort, die von keiner Seite geliefert werden kann. Denn das männliche Opfer einer weiblichen Beschimpfung kann zum Beispiel der Meinung sein, daß seine Bereitschaft, sich körperlicher Gewalt gegen Frauen zu enthalten, von Seiten der Frauen voraussetzt, daß sie Streitigkeiten nicht soweit treibt, bis ein Kampf normalerweise unumgänglich wird. Wenn er herausfindet, daß diese stillschweigende Übereinkunft gebrochen wurde, weiß er vielleicht nicht mehr, was er tun kann, und er wird seine weiteren Handlungen in einem verärgerten und verwirrten Zustand ausführen.[21]

Der Unterschied zwischen den Geschlechtern hinsichtlich ihrer Verletzlichkeit an öffentlichen Plätzen ist jedoch noch größer. Betrachten wir noch einmal genauer, was ein Individuum durch ein anderes in der Öffentlichkeit erleiden kann.

---

21 Die traditionelle Lösung bestand darin, daß der männliche Begleiter für die bedrohte Frau kämpfte, um sich damit zu ihrem Favoriten zu machen. In aufgeklärten Kreisen wird diese letzte Zuflucht zuweilen abgelehnt.

Da gibt es den Verlust des Lebens, dem bei beiden Geschlechtern, außer vielleicht in Kriegszeiten, der gleiche Wert zugemessen wird. Da gibt es die Verletzung des Körpers, was vermutlich ebenfalls beide gleichermaßen trifft, abgesehen davon, daß körperliche Entstellungen für Frauen vielleicht bedenklichere Folgen haben als für Männer. (Wichtiger ist vielleicht, daß Leib und Leben, denen allerhöchster Wert zugeschrieben wird, auch zu einem erzwungenen Austausch herhalten können, wie in »Geld oder Leben«.) Da gibt es die Verunstaltung der äußeren Fassade (Kleidung und äußere Erscheinung), eine bei jeder körperlichen Auseinandersetzung sehr wahrscheinliche Folge; bei der Fassade sind die von den Frauen geforderten Standards deutlich strenger als die der Männer. (Wenn sich eine Frau in unordentlicher Kleidung in der Öffentlichkeit zeigt, kann dies schließlich als Zeichen ihrer Verfügbarkeit oder ihrer Liederlichkeit aufgefaßt werden.) Und was schließlich den Verlust von Geld und Wertsachen angeht, werden die Männer vermutlich einiges mehr an Geld, Frauen mehr an Wertsachen zu verlieren haben.

Aus diesem Blickwinkel unterscheidet sich die Lage der beiden Geschlechter deutlich. Außer in Gefängnissen können Männer in modernen Gesellschaften nicht ernstlich mit sexueller Gewalt und auch nicht mit körperlicher Verletzung bedroht werden, falls sie die sexuelle Verfügbarkeit verweigern; Frauen dagegen schon. Aber es gibt noch einen subtileren und wichtigeren Unterschied. Wie gesagt, fordert die Prozedur des Hofmachens vom Mann, daß er sich aufdrängt, indem er zuerst einen Anlaß zur Anknüpfung eines Gesprächs findet und zweitens nach Überwindung der anfänglich darin herrschenden sozialen Distanz trachtet. Das vielfach in bloßen Spekulationen begründete Überwinden existierender Schranken ist also durchaus die normale Rolle des Mannes in zwischengeschlechtlichen Kontakten, wenigstens von seiner Seite aus gesehen. Und es liegt in der Natur seiner Sichtweise dieser Kontakte, daß sie weder von der Jahreszeit noch vom Ort abhängen, sondern daß jede Gelegenheit willkommen ist. Egal wo sie auftreten, alle gutaussehenden Frauen sind einen kleinen

Flirt wert, und diese Beachtung schließt ein Ausschauhalten nach Anzeichen zur Ermutigung ein, oder, falls diese nicht erfolgen, die Suche nach Zeichen dafür, daß sie nicht völlig entmutigt werden. Und Männer sind sehr leicht in diesen Annäherungen zu bestärken, weil sie wissen, daß viele der Beziehungen, die sie letztendlich zu Frauen entwickelt haben, auf diese Weise angefangen haben und sehr wahrscheinlich niemals ohne diese Aufdringlichkeiten begonnen hätten. Man sollte aber bedenken, daß die Frauen in dieser Hinsicht keine klare Linie verfolgen; denn ebenso wie sich einige von diesen Übergriffen belästigt fühlen, fühlen sich andere (selbst wenn sie das an ihrer Person gezeigte Interesse letztlich abwehren) von einem solchen Delikt innerlich geschmeichelt, weil sie es als ein Zeichen ihres Wertes, als Maßstab ihrer »Attraktivität« verstehen.[22]

Daraus folgt, daß Frauen chronisch unter ziemlichen »Belästigungen« zu leiden haben, denn was ihnen ein Mann ungehörigerweise aufzwingen kann, indem er sie in ein Gespräch verwickelt oder sich in ein bereits laufendes Gespräch einmischt, könnte ihm (und freilich auch ihnen) mit Sicherheit eine Menge einbringen, nämlich eine Beziehung, oder doch zumindest die Bestätigung seiner Geschlechtsidentität.[23]

In dieser Situation bergen Zurückweisungen seitens der Frau besondere Gefahren. Sieht man von der sexuellen Ebene ab, tritt das am deutlichsten vielleicht beim Raubüberfall zutage. Wenn nämlich der Räuber erst einmal seine Deckung verläßt und sich als Übeltäter zu erkennen gibt, als ein Schuft, der sich eines strafbaren Vergehen schuldig macht, kann er auch ebensogut solchen Gefühlen Luft machen, die er möglicherweise sonst auch gehabt, aber unterdrückt hätte, zumal er

---

22 Einige einschlägige Schilderungen finden sich bei Doris Lessing: *The Summer Before the Dark*, New York 1973, 180-207.

23 Zur Belästigung gibt es einige brauchbare, nichtwissenschaftliche Veröffentlichungen. Vgl. beispielsweise Gwenda Linda Blair: Standing on the Corner, in: *Liberation* 18/9 (Juli-August 1974), 6-8; oder Barbara Damrosch: The Sex Ray: One Woman's Worst Theory of Street Hassling, in: *Village Voice*, April 7/1975, 7.

durch seine Enthüllung den größten Teil des Preises für diese Handlungen ohnehin schon bezahlt hat. Sein »mutwilliges« Verletzen des Opfers ist somit weniger ein Zeichen seiner besonders sadistischen Regungen, sondern vielmehr ein Hinweis darauf, was wir alle einem anderen alles antun würden, wenn wir keine Strafe – wenigstens keine zusätzliche Strafe – zu befürchten hätten. Etwas ähnliches kann bei den Begrüßungen geschehen, die einige Männer meinen, unbekannten Frauen gegenüber an den Tag legen zu müssen. Werden solche Annäherungsversuche zurückgewiesen, sieht sich der Mann nicht nur dadurch bloßgestellt, daß er etwas begehrte, zu dem er für unwürdig befunden wurde, sondern er muß auch noch als jemand dastehen, der erwiesenermaßen ein unanständiges Druckmittel angewendet hat oder sich in eine Unterhaltung eingemischt hat. Nicht selten greift er dann zu dem Mittel, die Frau, die sich ihm verweigert hat, unverhüllt mit Beschimpfungen zu überschütten, um das abzuwerten, was er nicht bekommen konnte.

Es wird deutlich, warum Männer nicht in gleicher Weise Opfer von Belästigungen durch Frauen werden. Denn im allgemeinen gilt: Würde sich eine Frau aufdrängen, gäbe es immer Männer, die einen Vorteil daraus ziehen könnten, wenn sie darauf eingingen. Nehmer gibt es überall. Daran kann man auch erkennen, daß Frauen eine Macht haben, über die Männer nicht verfügen: nämlich eigene Entscheidungen über ihre Zugänglichkeit zu treffen. Aus diesem Grund kann eine Ehefrau ihren Mann leichter betrügen als umgekehrt, auch wenn er mehr Bewegungsfreiheit und damit den Zugang zu einer größeren Anzahl von Jagdgründen hat.

Offensichtlich stehen Männer und Frauen in ziemlich unterschiedlichen Beziehungen zum öffentlichen Leben; dessen Risiken sind aus strukturell tiefliegenden Gründen für Frauen sehr viel größer als für Männer. Dieser Unterschied verläuft haargenau entlang der Grenze zwischen den Geschlechtsklassen, obwohl sich das körperliche Vermögen zu Übergriffen und zur Selbstverteidigung keineswegs so klar auf die zwei einander ausschließenden Klassen verteilen läßt. Die Biologie gibt uns zwar ein treffliches und sauberes Mittel zur unmißverständlichen Zuteilung der Mitgliedschaft auf diese Klassen an die Hand. Die Risiken und Reaktionen jedoch, die so selbstverständlich aus dieser Verteilung zu folgen scheinen, sind das Ergebnis der gesellschaftlichen Organisation.

4. Geschlecht als Interaktionsritual?

Nachwort von Helga Kotthoff

In diesem Nachwort stelle ich im ersten Teil Goffmans Konzeption von gender im Zusammenhang seines Forschungsprogramms dar. Ich arbeite Unterschiede und Gemeinsamkeiten mit anderen gender-Analysen (z.B. dekonstruktiven) heraus und hoffe, auf diese Weise die Stärken von Goffmans Konzeption sichtbar zu machen. Schwächen und Unklarheiten werden allerdings auch benannt. Im zweiten Teile wende ich Goffmans Kategorien auf den Bereich von Stimme und Intonation an, worin Ritualisierungen von Weiblichkeit und Männlichkeit zum Ausdruck kommen, die sich auf vielfältige Weise auf den Körper beziehen. Abschließend zeige ich die Hyperritualisierung von kommunikativen Geschlechterverhältnissen im Bereich der Radiowerbung. Dieser Aufsatz verbindet einen konzeptionellen mit einem empirischen Teil und versucht somit, sich auch durch diese Verbindung in der Tradition von Erving Goffman zu verorten.

1. Goffman und der Genderismus

Seit geraumer Zeit schon wird in den Sozial- und Kulturwissenschaften das natürliche vom kulturellen Geschlecht unterschieden. Auch dem größten Biologisten ist klar, daß sich Männlichkeit und Weiblichkeit kulturell so unterschiedlich gestalten,[1]

1 Zu geschlechtsspezifischen Kulturunterschieden im Bereich der Kommunikation siehe Günthner/Kotthoff 1991.

daß man nicht davon ausgehen kann, die Äußerungsformen des Männlichen und des Weiblichen folgten schlicht den Geboten des so und nicht anders gegebenen Körpers. Die Art der Verbindung zwischen sozialem und biologischem Geschlecht ist allerdings umstritten. Wie weit stützen sich kulturelle Ausdrucksformen von Geschlecht auf natürliche Ressourcen, welche sie ausbauen, überformen oder entstellen?

Erving Goffman hat die Betrachtungsweise von Geschlecht innerhalb der Soziologie und den Kommunikationswissenschaften zweifelsohne revolutioniert. Er kritisiert im *Arrangement der Geschlechter* die Sozialwissenschaften, welche bis dato die Prozesse der Geschlechterkonstruktion kaum erforscht hatten. Für viele Wissenschaftler war die Bedeutung des Faktors Geschlecht ein Phänomen, welches im Rahmen von Rolle, Privileg und Benachteiligung erfaßbar schien. Mit der Untersuchung von »Rollenverhalten« seien sie, so Goffman, der immensen Bedeutung des geschlossenen Bündels an Glaubensvorstellungen und Praktiken nicht gerecht geworden, welche geltend gemacht werden, um das Arrangement der Geschlechter als natürliches auszugeben und abzusichern.[2]

Goffman ist hauptsächlich in seinem Buch *Gender Advertisement* (1976, dt. *Geschlecht und Werbung* 1981) und in seinem Aufsatz *The Arrangement between the Sexes* (1977, dt. in diesem Buch) auf die Methoden der Geschlechterstilisierung eingegangen. Wir verdanken ihm die Betrachtungsweise von Geschlecht als naturalisiertem Ordnungsfaktor von Interaktionen, eine Konzeption, welche mir die bislang weitreichendsten theoretischen und empirisch-forschungspraktischen Ausblicke auf Fragen von Geschlechterverhältnissen und Kommunikation zu eröffnen scheint.

Seine gender-Analysen fügen sich konsequent ein in seine Studien zu den Rahmungsprozeduren von Verstehensprozessen (1974) und zu Interaktionsritualen. Diese Analysen sind

---

2 Siehe zur soziologischen Auseinandersetzung um den Faktor Geschlecht in den Sozialwissenschaften z.B. Dietzen 1993.

zumindest in Deutschland kaum adäquat rezipiert worden,[3] was mit einer Sperrigkeit zu tun haben mag, welche daraus resultiert, daß diese Studien im Rahmen von Goffmans eigenem Forschungsprogramm verstanden werden müssen. Sein Forschungsprogramm läßt sich als das Studium der direkten und unmittelbaren Interaktion umreißen, wie es im Vorwort zu diesem Buch herausgearbeitet wurde. Als Soziologe geht er davon aus, daß sich die gesellschaftliche Ordnung in der Interaktion zu erkennen gibt und auch historisch in ihr begründet liegt. Während seiner gesamten wissenschaftlichen Laufbahn hat er sich bemüht, die Erforschung der Interaktion von Angesicht zu Angesicht als eigenständigen Untersuchungsbereich zu verankern. Im Zusammenhang mit der Erforschung der Interaktionsordnung hat er sich auch Fragen der Darstellung von Männlichkeit und Weiblichkeit gewidmet; diese Darstellungen implizieren immer auch normative Zuweisungsakte für die gesellschaftlichen Plätze der Individuen.

Verschiedentlich ist Goffman dem Vorwurf begegnet, er analysiere nicht die Gesellschaft mit ihren Schichten-, Klassen- und Einkommensstrukturen, sondern punktuelles Verhalten von Individuen. Dieser Vorwurf könnte potentiell auch die gender-Analysen betreffen. Kaum je ist bei ihm die Rede davon, daß Männer weltweit den Großteil der Produktionsmittel besitzen und Frauen schlechter bezahlt werden und außerdem in der Regel die Familienarbeit auf ihren Schultern lastet. Hier gälte, was er in der *Rahmenanalyse* süffisant zu Bedenken gab: »Persönlich halte ich die Gesellschaft in jeder Hinsicht für das Primäre und die jeweiligen Beziehungen eines einzelnen für das Sekundäre; die vorliegende Untersuchung beschäftigt sich nur mit Sekundärem (22ff).« Dieses vernachlässigte Sekundäre betrifft in der Geschlechterforschung die Dramatisierung der sexuierten Sozialordnung in alltäglichen Begegnungen. Ähnlich wie die Ethnomethodologie geht Goffman davon aus, daß der Zugang zu gesellschaftlichen Positionen, Rängen und

3 Verschiedene Beiträge in Hettlage/Lenz gehen zwar auf Goffmans gender-Konzeption im Zusammenhang mit anderen Konzepten ein; sein gender-Konzept bildet aber nicht den Fokus einer Analyse.

Funktionen kein ausschließlich exogener Faktor der Kommunikation ist, sondern endogen in der sozialen Begegnung mitproduziert wird. Während manche Ethnomethodologen jedoch jegliches Interesse an übergreifenden, nicht lokal produzierten Ordnungen verneinen (z.B. Schegloff 1987, 1988; siehe Einleitung), hat Goffman diese Bezüge zwar für seine Arbeit hintangestellt, aber nicht aus dem Blickfeld verloren.[4] Er expliziert die Äußerungsformen von Macht und Ohnmacht in Alltagsdramaturgien (das Sekundäre), nicht die Ressourcen (das Primäre), welche bestimmte Handlungsformen überhaupt ermöglichen. Diese Fokussierung ist aber nicht gleichbedeutend mit der Verleugnung materieller Faktoren.

1.1. Die institutionelle Reflexivität von Geschlecht

In *Das Arrangement der Geschlechter* erläutert er Geschlecht als eine Angelegenheit *institutioneller Reflexivität.* D.h., daß das soziale Geschlecht so institutionalisiert wird, daß es genau die Merkmale des Männlichen und Weiblichen entwikkelt, welche angeblich die differente Institutionalisierung[5] begründen. Goffmans durchgängiges Argument lautet, daß die körperlichen Unterschiede zwischen den Geschlechtern als solche keine große Bedeutung haben für die Fähigkeiten, die wir für die Bewältigung der meisten Aufgaben im Alltag brauchen. Warum also, lautet dann die Frage, lassen Gesellschaften irrelevante Unterschiede sozial so bedeutsam werden, daß sich die ganze Arbeitsteilung darauf aufbaut? Diese Institutionalisierung von zwei Geschlechtern schließt immer auch normative Zuweisungsakte für die gesellschaftlichen Plätze der

4 Siehe zu der Beziehung von Goffman zur Ethnomethodologie Widmer 1991. Hubert Knoblauch geht in der Einleitung auch auf Probleme des ethnomethodologischen »doing gender«-Konzepts ein, welches Institutionalisierungen unterschätzt. Ich teile diese Kritik.

5 Goffman vertritt hier einen weitgehenden Begriff von Institution und Institutionalisierung, der demjenigen des Sozialkonstruktivismus entspricht. Institutionalisierung ist Habitualisierung und Typisierung von Verhalten, womit entscheidungsunabhängige Vorgänge gemeint sind (siehe Knorr-Cetina 1989).

Individuen ein. Unterschiedliche Zugangsmöglichkeiten zu gesellschaftlichen Positionen sind darin eingeschlossen. Die Institutionalisierung der Geschlechtlichkeit läßt sich an klar bestimmbaren Merkmalen zur Verteilung von gesellschaftlichen Ressourcen und Potenzen anbinden, den biologischen eben. Dieser Verankerungsprozeß ist in allen seinen Schattierungen sozial. Obwohl die Ausdrucksformen des Männlichen und des Weiblichen kaum etwas mit der Biologie zu tun haben, liefert diese aber dennoch den fest umrissenen Phänomenbereich einer definitiven Grenzlinie, welcher zur Fundierung patriarchaler Ordnungen ausgebeutet werden kann und wird. Der Code des Geschlechts prägt die Vorstellungen der Menschen von ihrer Natur, nicht umgekehrt. Insofern entspricht Goffmans Sicht auch derjenigen postmoderner Theorien. Universal beobachtbar ist nur die Tatsache, daß Menschen sich eine Natur konstruieren, nicht welche. Beobachtbar ist aber auch, daß natürliche Phänomene (Körper, Geburt, Tod) in diese Konstruktionen eingehen. Goffman gibt diese Begriffe nicht auf und verleugnet auch nicht ihre Materialität. Damit unterscheidet er sich von AnhängerInnen der Dekonstruktion.

Diese setzen die Performanz des sozialen Geschlechts als so zentral, daß auch das biologische Geschlecht von dieser Performanz gestaltet wird (Butler 1991). Auch bei Goffman werden sex und gender einander nicht dichotomisch gegenüber gestellt.[6] Das biologische Geschlecht wird auch hier nicht für das Substrat gehalten, woran die Konstruktion von gender anknüpft. Der Terminus der Institutionalisierung verweist aber stärker als der der Sprechakttheorie entlehnte Begriff der Performanz bei Butler (1991) auf überindividuelle Verankerungsprozesse sexuierter Zuschreibungen und Handlungsmöglichkeiten. Es kommt nicht von ungefähr, daß AnhängerInnen der Dekonstruktion wie Butler und Vinken (1993a,b) das Spiel

6 Auch frühere Theorien, wie diejenige von Parsons und Bales, sahen biologische Faktoren schon nicht mehr als konstitutiv an für Geschlechtsrollendefinitionen. Für eine normative Geschlechtsrollendifferenzierung wird hier aus Gründen der Systemstabilität argumentiert.

mit sexuierten Darstellungssformen wie Seidenstrümpfen und Kleidern am Männerkörper als subversive Politik betrachten. Ihrem Performanzbegriff fehlen die Dimensionen einer sich materialisierenden sozialen Praxis. Geschlechterparodien, wie sie von den genannten Autorinnen empfohlen werden, beuten lediglich Rahmungsmethoden aus und lassen die herrschende Ordnung weitgehend unangetastet. Diese ist in den Institutionen der Sozialisation, wie Familie und Schule, der Religion, der Politik, der Medien und des Arbeitsmarkts verankert. Hier werden sie mit ihren Attributen reproduziert.

Das wesentliche Verdienst des Feminismus jeglicher Couleur sieht Goffman darin, daß er dem Männlichen und dem Weiblichen den Boden des fraglos Gegebenen entzogen hat, indem er ihre Konstruktionsprozesse offenlegte. In den Sozialwissenschaften hatte man sich allerdings vor dem feministischen Aufbruch schon angeschickt, Prozesse der Naturalisierung sozialer Phänomene in verschiedenen Kontexten aufzudecken.[7] Aber während hierzulande feministische[8] Forschung an Universitäten noch immer ausgegrenzt wird, ließ Goffman, der sich nie als Feminist bezeichnet hat, sich von ihren Arbeiten stark anregen.

Goffman (1977) geht davon aus, daß Geschlecht die Basis liefert für eine Kodifizierung, worauf sich sowohl soziale Interaktionen und Machtstrukturen aufbauen als auch die Vorstellungen, welche Individuen sich über ihre Natur machen. Sei-

---

7 Dies trifft auf die gesamte konstruktivistische Kommunikationssoziologie zu (siehe dazu Kotthoff 1993). Innerhalb des Konstruktivismus ist Goffman teilweise dem Ansatz des Sozialkonstruktivismus und teilweise dem der soziologischen Empirie zuzuordnen (Knorr-Cetina 1989; siehe dazu auch die entsprechenden Ausführungen in der Einleitung).

8 Die Ausgrenzungsprozesse sind in verschiedenen Disziplinen unterschiedlich; am stärksten sind sie in der deutschen Linguistik. Viele linguistische Arbeiten meiden jegliche Überlegung zur Relevanz von Geschlechterverhältnissen in ihren Daten, obwohl diese mehr als deutlich ist. Selbst Arbeiten zur sozialen Stilistik umgehen krampfhaft stilistische Äußerungsformen von Weiblichkeit und Männlichkeit. Arbeiten zu unterschiedlichen sprachlichen Phänomenen, welche ihre Analysen an Geschlechterverhältnissen aufhängen, werden kaum rezipiert. Eine Reflexion dieses Tabus soll einem anderen Artikel vorbehalten bleiben.

nem theoretischen Ansatz,[9] die Formierung des Sozialen in empirischen Interaktionen zu untersuchen, entsprechend, geht es ihm darum, in der realen Begegnung von Menschen aufzuzeigen, wie sich diese Menschen als Frauen und Männer zu erkennen geben und welche Implikationen damit verbunden sind. Es geht deutlich nicht darum, soziale Konsequenzen angeborener Geschlechterunterschiede zu erläutern, sondern darum zu zeigen, wie die, angesichts unserer technischen Möglichkeiten, vergleichsweise geringen physiologischen Unterschiede zwischen Frauen und Männern in soziale Arrangements eingehen, in welchen sie bedeutend gemacht werden. Goffman läßt keinen Zweifel daran, daß unsere Gesellschaft technisch in der Lage wäre, dem biologischen Geschlechterunterschied diese immense Bedeutung zu entziehen.

1.2. *Zur Relevanzsetzung von Geschlecht*

Zentrale Begriffe bei Goffman sind *sex* (Geschlecht), *sex-class* (Geschlechtsklasse), *gender* (soziales und kulturelles Geschlecht)[10], *gender identity* (Geschlechtsidentität), *beliefs about gender* (Geschlechterglaubensvorstellungen) und *genderism* (Genderismus).

Bei der Geburt eines Kindes wird nicht nur dessen *Geschlecht* festgestellt, sondern es wird daraufhin auch einer *Geschlechtsklasse* zugeordnet, einer gebundenen Kette von Klassifikationen und Attributionen. Der physiologische Unterschied allein sagt

9 In Deutschland haben vor allem die Beiträge in Hettlage/Lenz 1991 herausgearbeitet, daß Goffmans Werk sich durch ein eigenständiges Theorieprogramm auszeichnet.

10 Merkwürdig mutet es an, daß die Konzeption von gender als einer mit sex nicht natürlich verbundenen Kategorie, welche in den Sozialwissenschaften über 30 Jahre alt ist, in der Literaturwissenschaft erst jüngst zur Kenntnis genommen wurde, als Neuheit gefeiert und fälschlicherweise Judith Butler zugeschrieben wird (siehe z.B. das Vorwort von Busch, Eggers, Ruge und Wittstock in *Neue Rundschau* 1993, Heft 4). Auch Garfinkel (1968) hat in seiner Agnes-Studie die Konstruktion von natürlichem Geschlecht nachgezeichnet (siehe zur Theorieentwicklung in den Sozialwissenschaften Dietzen 1993, Hagemann-White 1993 und Hirschauer 1993).

etwa so viel wie die Haarfarbe des Kindes. Aber im Unterschied zur Haarfarbe liefern die Geschlechtsorgane die Grundlage für eine Gruppierung. Damit wird also das biologische Geschlecht bedeutsam gemacht. Wir wissen heute, daß völlig identische Säuglinge ganz anders wahrgenommen werden, je nachdem, ob sie als Mädchen oder Junge vorgestellt wurden.[11] In der Sozialisation eignen sie sich geschlechtsklassengebunden genau die Verhaltensweisen an, welche ihr *soziales Geschlecht* (gender) in der Kultur kennzeichnen. Zunächst werden Menschen also schlicht gruppiert. Je nach Gruppe haben sie unterschiedliche Zugänge zu flexiblen Verhaltenssystemen, wie gender eines darstellt. Sie bilden im Zusammenhang mit ihrem gender-Erwerb also eine *Geschlechtsidentität* (gender identity) aus, welche eine wesentliche Quelle ihrer Selbstidentifikation ausmacht, stärker als beispielsweise die Altersidentifikation. Diese wird naturalisiert.[12] Selbstverständlich werden Natur und Naturalisierung bei Goffman nicht in eins gesetzt. Der so geprägte Körper ist aber mehr als ein bloßer diskursiver Effekt. Zum einen ist Biologisches in den Konstruktionsprozeß eingegangen und zum anderen festigt sich auch im Körper die Lebensgeschichte des Individuums und wird damit unhintergehbar. Medial und sonstwie produzierte *Geschlechterglaubensvorstellungen* tragen als sich selbst erfüllende Prophezeiungen weiter zur Geschlechtertypisierung bei. Ein ganzes System paralleler Anordnungen, wie Damen- und Herrentoiletten, Damen- und Herrenbekleidung, Damen- und Herrenabteilungen, Mädchen- und Jungenbücher, Mädchen- und Jungenspiele, Mädchen- und Jungenschlangen usw. halten den *Genderismus* aufrecht, das durchgängige und ideologisierte System der Relevanz von Geschlecht.

In seiner Aufdeckung ritualisierter Formen von Geschlechterverhalten zeigt Goffman auch, daß in diesen sozialen Arran-

11 Als Beispiel für zahlreiche »Baby X« Studien möge die von Condry/Condry 1976 zur Interpretation von Baby-Geschrei stehen.

12 Goffmans Schüler Cahill hat Prozesse der gender-Aneignung bei Kindern analysiert und gezeigt, wie stark die Zuordnung von Junge- bzw. Mädchensein im frühen Alter von äußeren Symbolen wie Schmuck und Haartracht abhängen (z.B. 1986).

gements die Geschlechter ihre Geschichte und ihre Rangordnung immer schon mitproduzieren und auch erzählen.

Die Selbstkategorisierung der Menschen als normativ weiblich und normativ männlich geht *zwanglos* vonstatten. Das heterosexuelle Paarungsverhalten von Frauen und Männern z.B. funktioniert weitgehend so, daß Mann und Frau sich die herrschenden Geschlechterglaubensvorstellungen gegenseitig bestätigen. Frauen sind im Durchschnitt etwas kleiner und zarter gebaut als Männer; es gibt aber einen erheblichen Überschneidungsbereich gleich großer und gleich kräftiger Frauen und Männer. Hätten wir eine effektive Gleichheitsideologie, würden die ganz kleinen Frauen und die ganz großen Männer schlechte Plätze im Paarungswettstreit belegen. Es ist aber genau umgekehrt. Männer und Frauen paaren sich in der Regel so, daß der Mann älter, gebildeter, reicher und größer ist als die Frau. Damit bleiben der Männlichkeit genau diese Attribute zugeordnet. Aus einer Tendenz wird kulturell eine Regel gemacht. Kleine Männer und große Frauen haben es bei heterosexuellen Paarbildungen schwer, jemanden zu finden. In manchen Gruppen der Gesellschaft weichen sich diese Bestätigungsrituale männlicher Überlegenheit langsam auf, im großen und ganzen gelten sie aber sowohl in der öffentlichen als auch in der privaten Welt. Im Fernsehen wird der Talkmaster mit der Assistentin kombiniert, im Krankenhaus der Chirurg mit den Krankenschwestern, im Büro der Chef mit der Sekretärin.

Diese Anordnungen sind nicht in individuellen Geschlechterparodien unterlaufbar, weil sie auf unterschiedlichen Ebenen der Gesellschaft institutionalisiert sind. Goffman weiterdenkend können wir sagen, daß das Problem vieler Männer und mancher Frauen mit der Akzeptanz von Frauen in hohen beruflichen Positionen nicht einfach nur mit mangelnder Anerkennung der Frauen zu tun hat, sondern mit den Fundamenten ihrer eigenen Geschlechtsidentität.[13] Gleich- oder höhergestellte Frauen verändern die gesamte Interaktionsordnung. Die

13 Der Begriff der Geschlechtsidentität bei Goffman geht weiter als derjenige des postmodernen Diskurses, welcher im wesentlichen sexuelle Identität meint und die Sexualität implizit als primären Erfahrungsrahmen postuliert.

Chirurgin läßt den Chirurgen weniger männlich erscheinen und sich selbst weniger weiblich, denn beide sind in ihrer Gegenwart der Rituale der Bestätigung von Geschlechtsidentitäten zum Teil beraubt. Gildemeister/Wetterer (1992) haben gezeigt, wie die Sexuierung von Berufen vonstatten geht und die Zuweisung von prestigelosen Berufen an Frauen naturalisiert wird.

Der übergeordnete Mann kann die Beziehung zur untergeordneten Frau auch im beruflichen Bereich als private rahmen, indem er ihr die Schreibmaschine trägt, sie private Anrufe mit dem Geschäftstelefon tätigen läßt, ihr seine privaten Sorgen mitteilt usw. Vordergründig wird die Asymmetrie dadurch abgefedert. Die Beziehung ist nicht nur eine von Chef und Angestellter, sondern eine von Menschen, die sich mögen. Hintergründig wird die Asymmetrie perpetuiert. Die Frau verrichtet neben der instrumentellen auch noch emotionale Arbeit (Hochschild 1983), indem sie ihm den Kaffee hinstellt, seine schlechte Laune auffängt und mit ihm beim Essen Privatgespräche führt. Ist sie jung und hübsch, überwiegt eine Flirtkomponente, ist sie alt und weit entfernt vom normativen Schönheitsideal, überwiegt die mütterliche Komponente. Die Rahmungen von Arbeitsverhältnissen zwischen Männern und Frauen sind bislang kaum interaktionsanalytisch untersucht worden. Oberflächliche Betrachtungen reichen aber schon um festzustellen, daß je statushöher der Mann ist, er umso eher die Chance hat, seinem Arbeitsalltag Aspekte des Privatlebens (Goffman spricht vom »Rotlichtmilieu«) beizumischen. Diese Rahmensetzungen initiiert immer der Mächtigere. Der statushohe Mann kann seine Untergebenen auch nach Attraktivitätsgesichtspunkten auswählen, der Beziehung Flirtelemente beimischen oder auch mehr. Wir sollten nicht verleugnen, wie viele Frauen diese Sonderbehandlung noch immer genießen. Sie erlaubt ihnen, sich in den Zentren der Macht zu bewegen und gibt ihnen Illusionen des Auserwähltseins. Die Grenzen zur sexuellen Belästigung sind ob der geschlechtsgeprägten Arbeitsplatzstrukturen häufig fließend.

Goffmans analytischer Blick ruht sowohl auf privaten, als

auch auf öffentlich-berufsbezogenen Verhältnissen. Seine Beispiele entstammen den Niederungen des Alltags. Sein Konzept der reflexiven Institutionalisierung von Geschlecht geht in mehrfacher Hinsicht über Butlers Konzept von Geschlecht als semiotischer Performanz hinaus. Er fokussiert durchaus in seinen Analysen auch performative Verfahren; diese sind aber zum einen nicht auf Sprache beschränkt und zum anderen nicht als so streng genormt konzipiert.[14]

Hochschilds (1979) Kritik an Goffman setzt an seinen Situationsanalysen an. Ihr ist bei Goffman nicht deutlich genug herausgearbeitet, wie tief der situativ ausgespielte, erworbene Geschlechtscharakter unser emotionales Leben prägt. Sie geht davon aus, daß Goffman die Flexibilität der dem Individuum emotional möglichen Verhaltensweisen überschätzt. In der Sozialisation sind Mädchen und Jungen aktiv an einem teilweise geschlechtsgeprägten Erwerb eines Managements der Gefühle beteiligt. Sie sagt, Goffmans Situationsanalysen gäben Aufschluß über das Eindrucksmanagement (*surface acting*) der Individuen, kaum aber über das entsprechende Gefühlsmanagement (*deep acting*), welches daran beteiligt ist (1979: 557). Man kann Goffman in der Tat mangelnde Berücksichtigung von »emotion work« und »feeling rules« für die Konstruktion der Sozialordnung vorwerfen. Die soziologische Dimension von Gefühlen war noch kaum sein Thema. Während Goffman die Gefühlsformung unterschätzt hat, werden diese Phänomene in dekonstruktiven Performanzanalysen aber nicht nur unterschätzt, sondern völlig negiert.

14 Auch die Sprechakttheorie mußte zur Erklärung des Funktionierens von verbalem Austausch auf ein Modell starker Normen zurückgreifen. Diese monologische Normorientierung der Sprechakttheorie ist in der Linguistik verschiedentlich kritisiert worden (z.B. Levinson 1983). Hirschauer (1993b) weist daraufhin, daß Butlers Normenmodell viel zu geringe Handlungsspielräume der Interagierenden vorsieht und schon insofern Gefahr läuft, jede Abweichung als Erschütterung des Systems zu begreifen. So wie die Sprechakttheorie keine realen Gesprächsverläufe in den Blick nimmt, betrachtet Butler auch Prozesse der Genderisierung nicht empirisch, sondern betreibt eher eine Debatte über ontologische Bekenntnisse.

1.3. *Die Idealisierung der Benachteiligung*

Interessant ist Goffmans Gedanke, daß Frauen die einzige gesellschaftlich benachteiligte Gruppe darstellen, welche idealisiert und mythologisiert wird und sich mit der bevorzugten Gruppe in konstanter Verbindung findet. Ein ganzes System des Hofmachens und der Höflichkeiten symbolisiert Frauen als zerbrechlich, kostbar, fein, mütterlich, attraktiv und sanft und erweist ihnen mit diesen Eigenschaften die Ehre. Je näher Frauen diesem Ideal kommen, umso eher werden ihnen die Höflichkeiten von Seiten der Männer auch zuteil. Diese Höflichkeiten, wie Tür aufhalten, Feuer geben, Reifen wechseln, Gläser öffnen, Spinnen und Mäuse entfernen, Wein einschenken usw. spiegeln der Frau auch ihre Anerkennung als solche. Unsere Huldigungen an die attraktive, schlanke, feine, in kostbares Tuch gehüllte Frau, wie sie von der Modeindustrie, den Medien, von Kunst und Kommerz betrieben wird, suggerieren auch, daß man als weiblicher Mensch, wenn man *so* ist, den anderen Mitgliedern der Geschlechtsklasse überlegen ist. Die Fokussierung dieses Typs innerhalb der weiblichen Geschlechtsklasse legt für den Rest eine Orientierung daran nahe und hintertreibt so auch Solidarisierungsmöglichkeiten.

Würde es diese Illusionen der Verehrung nicht geben, wären Frauen vermutlich weniger bereit, sich mit ihren unterprivilegierten Positionen so weitgehend zufriedenzugeben. In der feministischen Wissenschaft wurde der Frage, wie Frauen den Status quo mitproduzieren, lange Zeit zu wenig Gewicht beigemessen.[15] Wir sagen auch im Alltag lieber, daß Frauen ein Physikstudium schwer gemacht wird (Frau wird nicht als Tätige konzeptualisiert), statt, daß sie Philologien studieren wollen (Frau wird als Tätige konzeptualisiert), weil ersteres u.a. schlechter zu ihrer Geschlechtsidentität paßt als letzteres. Trotz Berücksichtigung gesellschaftlicher Faktoren der Benachteiligung von Frauen sollte

15 Thürmer-Rohr hat den Fragen der »Mittäterschaft« von Frauen an der Aufrechterhaltung unserer sozialen Ordnung ein Buch gewidmet und damit der Stilisierung der Frau einzig als Opfer eine deutliche Absage erteilt. Auch Baker Miller (1988) geht es darum, wie Frauen aktiv Situationen und Beziehungen mitgestalten, die ihren Interessen entsprechen, wenngleich sie trotzdem darunter leiden.

nicht vergessen werden, daß sie in den westlichen Gesellschaften einen deutlichen Handlungsspielraum haben, der aber individuell nicht gleich ist.

Bezüglich seiner Analysen des Hofierens und der Galanterie orientiert sich Goffman wie auch sonst an amerikanischen Mittelschichtsverhaltensweisen und -vorstellungen. Andere Patriarchate in der Welt kommen fast gänzlich ohne diese Rituale aus, und sie konzeptualisieren die Frau auch nicht als zart und kostbar. In den asiatischen Republiken der früheren Sowjetunion, wie beispielsweise Usbekistan, gilt es als ganz selbstverständlich, daß die Frauen die schwerere Arbeit im Straßenbau und auf den Feldern leisten. Männer arbeiten in diesen Gesellschaften insgesamt wesentlich weniger als Frauen, widmen sich verschiedenen Formen des Müßiggangs, produzieren durch starken Alkoholkonsum enorme Probleme für die Familien und repräsentieren trotzdem das herrschende Geschlecht. Es stellt sich sehr die Frage, inwieweit Goffmans analytisches Programm in der Lage ist, derart krasse Fälle von Patriarchat mitzuerfassen. Es scheint so zu sein, daß Frauen in diesen Gesellschaften so geringe Chancen zur Ausbildung eines Selbstwertgefühls haben und andererseits der Mann derart vergöttert wird, daß es auch ohne die Verehrungsrituale nicht zu deutlicher Auflehnung der Frauen kommt. Gültig ist aber verstärkt Goffmans Fokussierung der Formung von Geschlechtsidentitäten in der Familie.

Ob das System des Hofierens bei der heutigen Jugend im deutschsprachigen Raum noch eine starke Rolle spielt, wage ich ebenfalls zu bezweifeln. Die mediale Verehrung der schönen Frau wird zudem erheblich modifiziert durch die ganz unverschleierte mediale Ausbeutung des weiblichen Körpers als Sexualobjekt für den Mann. Auch bei gutwilligster Interpretation sind in pornografischen Darstellungen keine Verehrungsformen mehr auffindbar. Die Pornografie ist inzwischen eine mächtige Institution mit sehr starkem Herrschaftsgefälle zwischen den Geschlechtern. Dort wird der weibliche Körper als Dienstleistungsinstanz für den Mann konzeptualisiert. Der ganze Bereich des Geschäftes mit der Sexualität ist bei Goffman völlig ausgespart. Es bleibt den Nachfahren überlassen, sowohl semiotische Analysen dieser Bilderflut anzustellen als auch ihren Einfluß auf die Konzeptualisierung von Männlichkeit und Weiblichkeit zu erklären. Im *Arrangement der Geschlechter* formuliert Goffman bereits die Prognose, daß im Zuge der Modernisierung die Höflichkeiten gegenüber Frauen geringer werden. Krasser formuliert könnte man sagen, daß das Warenverhältnis zwischen den Geschlechtern unverschleierter zutage tritt. Viele Frauen in den westlichen Industriegesellschaften können sich der sexuellen Ausbeutung entziehen. Im Zuge der Mobilisierung kann aber die Sexindustrie Männern für sexuelle Dienstleistungen Mädchen und Frauen aus armen Ländern anbieten.

1.4. Ritualisierungen

Ich möchte jetzt noch auf weitere Aspekte der Ritualisierung oder Zeremonialisierung von gender eingehen. Einzelne Elemente der Zeremonien nennt Goffman Rituale. Rituale sind bei Goffman (1979) alle Bestätigungen fundamentaler sozialer Verhältnisse. Sie finden in sozialen Zusammenkünften statt, in denen der Einzelne Gelegenheit hat, eine Darstellung der angeblichen Ordnung seiner Existenz zu geben. Eine Party wäre ein Beispiel für ein Ereignis, das aus unzähligen Ritualen besteht, angefangen bei der Kleidung, welche die Leute tragen, über ihre euphorische Stimmung, welche sie signalisieren, das dargebotene Essen, welches den Formalitätsgrad des Ereignisses anzeigt, die Begrüßungen, bis hin zur Auswahl der Gesprächsthemen.

Goffman geht in Übereinstimmung mit der Ethologie davon aus, daß gewisse Verhaltensweisen formalisiert werden: Sie werden vereinfacht, übertrieben, stereotypisiert und aus dem Urkontext der auslösenden Reize herausgenommen – dies zu dem Zweck der effektiveren Signalwirkung. Statt eine Handlung ausführen zu müssen, bietet man einen leicht lesbaren Ausdruck seiner Situation in Form einer Ritualisierung an. Diese Darstellungen und Selbstdarstellungen legen die Modalitäten des Verkehrs zwischen Menschen fest. Darstellungen sprechen keine klare Symbolsprache, sondern legen Zeugnis von Identitäten und Situationsdefinitionen ab. Kleidung gehört z.B. zu den bereits erwähnten Darstellungen, welche in Rituale eingehen. Das männliche Geschlecht stellt sich hier schlicht, nüchtern und funktionell dar, das weibliche ornamental, verspielt und wenig funktionell. Die Tatsache, daß man damit auch spielen kann, bestätigt nur die bestehende, für alle erkennbare Ordnung.[16] Diese Kleiderrituale wie auch andere indikative Ereignisse legen provisorisch Bedingungen von Kontakten fest. Diese indexikalischen Kommunikationsverfahren funktionieren als Frühwarnsysteme von Identitäten, als Wegweiser der Wahrnehmung.

Goffman hat den Geltungsbereich von rituellen Handlungen, ausgehend von Durkheim (1967, 1981) und Radcliffe-Brown (1952), stark erweitert. Für ihn spielen Rituale für die Organisation von Interaktionen in jeder Gesellschaft eine wichtige Rolle. Reiger (1992, 105) schreibt, bei Goffman müßten zwei Aspekte des Ritualbegriffs analytisch unterschieden werden, und zwar ein expressiver und ein reflexiver. Der expressive Aspekt schließt direkt an Radcliffe-Browns (1952, 123) Ausführungen zur Ritualisierung von Objektbeziehungen an. Sie haben aber bei Goffman auch einen reflexiven Charakter, d.h. sie wirken auf die Handelnden zurück und drücken etwas über sie aus. Goffman schreibt, daß »ein Ritual ›ein konventionalisiertes‹ Mittel der Kommunikation ist, durch das man seinen Charakter zum Ausdruck bringt oder seine Einschätzung anderer Teilnehmer in der Situation übermittelt« (1986, 61; zitiert nach Reiger 1992, 106).[17]

Verschiedene Handlungen oder Handlungskomponenten können im interpersonellen Bereich rituelle Dimensionen enthal-

16 Transvestiten erschüttern diese Ordnung nur unerheblich, solange sie nicht die den Geschlechtern zugeschriebenen Orte im Alltag beanspruchen. Ihre Erscheinungsbilder bestätigen weitgehend Geschlechterglaubensvorstellungen. Für Transsexuelle haben Garfinkel (1967) und Hirschauer (1993) gezeigt, wie sie sich in eine zweigeschlechtliche Kultur hineinnormalisieren und immer schon vorhandenes subjektives Geschlechtsempfinden als Grund dafür angeben, ihren Körper diesem entsprechend umzugestalten.

17 Goffmans Begriff der Ritualisierung ist vereinbar mit Bourdieus Begriff der Distinktionsverfahren (1979). Beide Begriffe kennzeichnen die identitäts- und ordnungsstiftenden Dimensionen von Praktiken.

ten, z.B. die Wortwahl beim Sprechen, Gesprächssstile, Gesten, Rederechtsstrukturen, Raumverhalten, Körperhaltungen und Intonationskonturen, wodurch die Sprecherin ihre Haltung zum Gesprächsthema und zum Gegenüber zum Ausdruck bringt.[18] Die grundlegenden Komponenten der Interaktion, Ehrerbietung und Benehmen, kommen darin zum Ausdruck.

Die Ausführung ritueller Handlungen wird von Goffman als sozial reglementiert beschrieben. Der oder die Einzelne kann aber vom kulturellen Reglement abweichen. Diese Abweichungen irritieren die Interaktionsordnung mehr oder weniger und ermöglichen, sofern sie sozial geteilt werden, auch ihre Veränderung. Zusammengenommen bilden rituelle Normen einen Erwartungsrahmen, an dem sich Individuen ausrichten und welcher die gesellschaftliche Ordnung symbolisiert und rekonstruiert.

Die in der verstehenden Soziologie entstandene These von der sozialen Konstruktion des Geschlechts wird bei AnhängerInnen der Dekonstruktion hinterrücks genau ihrer gesellschaftlichen Sozialität beraubt. Die Konzeption von Geschlecht als Performanz bedient sich so monologischer Theorien wie der Sprechakttheorie. So wundert es nicht, daß sie auf Vorstellungen vom Geschlecht als individueller Maskerade hinauslaufen. Sie sind wohl auch deshalb stärker in den philologischen Wissenschaften aktuell, kaum in den interaktionsanalytisch-sozialwissenschaftlich ausgerichteten. Besonders bei Goffman sind generell Dialog- und Institutionsstrukturen im Blickfeld. Individuelle Verhaltensabweichungen, wie z.B. Stöckelschuhe am Männerbein, sind erst dann subversiv, wenn sie beanspruchen, in die Institutionen der Männlichkeit integrierbar zu sein, wenn also der Herr Professor sie zum Anzug in der Vorlesung trägt.

Unser rituelles Leben ist nachhaltig vom Unterschied zwischen Frauen und Männern gezeichnet. Namen, Anredeformen, Sprechstile, Stimmen, Haartracht, Körperpflege, Körperpräsentationen ritualisieren ihre Geschlechtsidentitäten. Keine Darstel-

18 Diese interpersonellen Funktionen von Intonation beschreibt schon Voloshinov (1926).

lung allein reicht ob ihrer Mehrdeutigkeit jedoch aus, um Beziehungen zu charakterisieren. Goffman betont auch die lockere Verbindung zwischen den Sozialstrukturen und dem rituellen Ausdrucksverhalten. Niemand *muß* zur Darstellung seiner Identität die volle Palette der Möglichkeiten ausschöpfen. Außerdem sind die Darstellungen einem Wandel unterworfen. Sie bedürfen alle eines historischen Verständnisses. Hosen indizieren heute keine Männlichkeit mehr, Röcke, Spitzenunterwäsche, Seidenstrümpfe, spitze Absätze und viele Formen der Ornamentierung des Körpers aber nach wie vor Weiblichkeit.

Beim Sprechen sind Stimme und Prosodie der Bereich, welcher am stärksten mit dem Körper verbunden wird. Stimmlagen werden ja auch gemeinhin am stärksten für Natur gehalten. Eine tiefe, kräftige, wenig bewegte Stimme war bis vor etwa 25 Jahren in den Medien Männern reserviert. Sie verkörpert Autorität und Sachlichkeit, und diese gehörten zu den Männlichkeitsritualen. Heute sprechen Frauen, z.B. Nachrichtensprecherinnen wie Dagmar Berghoff, mit wenig bewegter Intonation und dunkler, kräftiger Stimme die wichtigsten Nachrichten. Sie erlauben sich einen paraverbalen Ausdruck, der noch vor wenigen Jahren Männlichkeit signalisierte. Die Tatsache, daß sich Frauen öffentlich nicht an Rituale der Weiblichkeit halten, heißt aber nicht, daß dies nicht auch kritisch registriert würde. Sabine Christiansen hat z.B. den Ruf eines »Eisschranks« (*Zeitmagazin* Nr. 44, 1993). Sehr bewegte, euphorische Intonationsweisen mit hellen Stimmen gelten nicht als autoritäts- sondern emotionsausstrahlend. Frauen in Autoritätspositionen enthalten sich dieser Formen der Ritualisierung von Weiblichkeit. Von Männern westlicher Kulturen werden solche Stimmen und eine solche Intonation weitgehend gemieden.

Der Körper begegnet uns als semiotisch geformter. Allerdings nehmen Menschen diese Formungen, an denen sie sich aktiv beteiligen, als Natur an. In den poststrukturalistischen Theorien wird Sexualität implizit als Kern dieser Natur postuliert. Goffman enthält sich einer Hierarchisierung aller naturalisierenden Rituale des Alltags. Seine Darstellungen der Formung von menschlicher Natur sind nicht auf die Formung von Sexualität beschränkt. Die Interaktion zwischen Körper und Kultur ist bei Goffman als komplexe konzeptualisiert. Es gibt Genderismen, die mit dem Körper nichts zu tun haben; solche, die gegen ihn arbeiten; solche, die seine Potenzen ausbauen und solche, die den Körper und die mit ihm zusammenhängende Gefühlswelt gestalten.

Die Rituale müssen den Geschlechtern nicht unbedingt bewußt sein, sie sind aber bewußtseinsfähig. Alle Stilisierungen können in den Mittelpunkt der Aufmerksamkeit rücken; sie können ironisiert werden; man kann mit ihnen spielen. Aus Ritualen können außerdem Hyperrituale gemacht werden.

1.5. Die Metaphorik des Eltern-Kind-Komplexes

Die ganze Verhaltenssymbolik, derer sich die Geschlechter bedienen, ist historisch verortet. Manches entstammt den Bereichen der höfischen Etikette, manches dem des Militärs, manches dem einfachen Landleben. Auch die Tierfolklore spielt eine Rolle. In der Interaktionsordnung sieht Goffman metaphorische Orientierungen am Werk. Linguisten wie George Lakoff und Mark Johnson halten unser Denken für prinzipiell metaphorisch. Sie haben z.B. gezeigt, wie die Kriegsmetaphorik von Angriff, Gegenangriff und Verteidigung unser Denken über Argumentationen strukturiert. Rituale im Goffmanschen Sinne sind auch metaphorisch, da sie Bedeutungstransfer vornehmen, ein Phänomen im Rahmen eines anderen verständlich werden lassen.

Goffman geht davon aus, daß sich die Verhaltenssymbolik der Geschlechter zu einem gewichtigen Teil an der Mittelschichts-Idealversion des Eltern-Kind-Komplexes orientiere. Zu diesem Grundmuster gehört das hilflose Kind und der es beschützende Erwachsene. Da Goffman glaubt, daß Männlichkeitsrituale sich eher am Elternstatus orientieren und Weiblichkeitsrituale sich eher am Kindstatus, belasse ich es bei der Redeweise »der Erwachsene«. Ich zähle jetzt ein paar Bereiche auf, in denen Rituale des Genderismus Elemente aus dem Eltern-Kind-Komplex dramatisieren.

Das Kind ist bewegungsmäßig instabil. Es wird vom Erwachsenen gestützt. Weibliche Kleidung (Stöckelschuhe, enge Röcke) ritualisiert Instabilität.

Der Erwachsene erklärt dem Kind die Welt; er belehrt, und das Kind nimmt die Belehrungen an. In unserer Berufswelt werden Frauen die Positionen und Institutionen, welche die Welt erklären, weitgehend versperrt. Im Fernsehen sind Männer in Expertenrollen überrepräsentiert und Frauen als Betroffene.

Der Erwachsene ist der Könner und Wisser. Kinder und Frauen dürfen sich als fragend und unwissend darstellen.

Das Kind darf sich emotional freier ausdrücken als der beherrschte Erwachsene. Es darf weinen, herumalbern und euphorische Bewegtheit ausdrücken. Starke Gefühlsbewegungen gelten bei uns als unmännlich, aber durchaus als weiblich.

Die Aktivitäten der Kinder gelten als weniger ernst, die herkömmlich weiblichen auch.

Der Erwachsene muß immer bereit sein zur Selbstverteidigung, Frauen und Kinder nicht. Männer bewaffnen sich auch in Bedrohungssituationen mehr als Frauen.

Frauen und Kinder werden mit Weichem, Kuscheligem und Niedlichem in Verbindung gebracht und so präsentiert. Erwachsene nicht.

Kinder und Frauen sind verfügbar, ihr Raum ist kaum abgegrenzt. So wie der Erwachsene die Zugänglichkeit des Kindes für sich regelt, definiert der Mann die der Frau. Nicht von ungefähr galt »a room for one's own« (Virginia Woolf) als Anliegen der Frauenbewegung.

1.6. Geschlechterchoreografie in der Werbung

Diese ritualisierten Ausdrucksformen, welche im Alltag zwar als Geschlechterglaubensvorstellungen und als soziales Geschlecht vorhanden sind, aber auch unterlaufen werden, sind in der Reklame hyperritualisiert. In *Gender advertisement* zeigt Goffman anhand von Bildwerbung, wie normativ und asymmetrisch die Geschlechterglaubensvorstellungen sind, welche sie vermittelt.

Reklame-Designer unterliegen den Grenzen ihres Mediums. Sie müssen etwas darstellen, was leicht verständlich ist und die Betrachtenden für ihr Produkt einnimmt. Auf Reklamefotos werden Alltagsszenen simuliert, die unsere Orientierung darauf richten, was ein Mensch dort tut oder sagt. Reklame-Designer wählen überwiegend anerkannte positive, soziale Typisierungen, »so daß wir idealisierte Personen vor uns sehen, die ideale Mittel anwenden, um ideale Ziele zu erreichen – wobei sie selbstverständlich mikroökologisch so arrangiert sind, daß sie eine ideale Beziehung zueinander anzeigen« (1981a, 115). Die Figuren sind also im Bild so plaziert, daß ihre räumliche Stellung zueinander ein Anzeichen für ihre mutmaßliche soziale Stellung zueinander bietet. Dieser Verfahren bedienen sich auch behördliche Mitteilungen und politische Parteien. Auch sie stellen ihre Aussagen dramatisch dar. Ich möchte später zeigen, daß mikro-ökologische Arrangements auch gänzlich unbildlich nur über den Tonkanal gestaltet werden können.

Goffman behauptet, daß die Aufgabe der Reklamedesigner derjenigen aller Gesellschaftsmitglieder nicht unähnlich ist, die ihre sozialen Situationen mit rituellen Zeichen ausstatten, die eine schnelle Orientierung der Beteiligten aneinander ermöglichen. Beide nutzen wahrnehmbare Mittel der Selbstdarstellung. »Und beide bedienen sich der gleichen elementaren Mittel: Absichtsbekundung, mikroökologische Aufzeichnung sozialer Strukturen, anerkannte Typisierung und gestische Externalisierung innerer Reaktionen«(1981: 116).

Goffman analysiert dann Bildmaterial. Übrigens ist dieses Bildmaterial, welches ja aus den siebziger Jahren stammt, selten pornographisch.[19] Er zeigt, wie auf Reklamefotos relative Größe eingesetzt wird, um Dominanz und Unterordnung zu si-

19 Siehe zu neueren Tendenzen in der Werbung Schmerl (Hg.in) (1992). Bei den dort abgebildeten Beispielen pornographischer Werbung sieht man, daß häufig Elemente aus dem Tier/Wärter-Komplex dramatisiert werden. Nackte Frauen werden z.B. mit Halsbändern abgebildet oder in Käfigen gehalten.

gnalisieren. Er vergleicht dargestellte männliche und weibliche Berührungen von Gegenständen. Der Mann packt an, z.B. die Jägermeisterflasche, und hält sie fest. Frauen deuten Berührungen oft nur an. Statt des utilitären männlichen Zugriffs zeichnen sie nur die Linien eines Gegenstandes nach. Weibliche Selbstberührungen sollen das Gefühl vermitteln, daß der Körper etwas Kostbares sei.

Wenn auf einem Bild Mann und Frau direkt zusammenarbeiten, dann übernimmt der Mann die Leitung der Aktivität. Man sieht den Herrn Doktor eine Tabelle lesen und die Krankenschwester, welche auch einen Blick von der Seite darauf wirft. Frauen werden oft abgebildet, wie sie Hilfe annehmen. Er hilft ihr aus einer Schaukel heraus und läßt sie von seinen Weintrauben abbeißen. Der Mann bietet sicheren Halt. Häufig steht die Frau an ihn gelehnt. Die Frau liegt oft, Männer sind höher arrangiert. Liegende Stellungen sind ein konventioneller Ausdruck von Hilflosigkeit und sexueller Verfügbarkeit. Erhöhte räumliche Standorte symbolisieren höhere soziale Ränge. Frauen werden auch oft in Schräghaltungen gezeigt, Männer in geraden. Schräge Kopfhaltungen gelten als Ausdruck von Demut.

In der feministischen Werbungsanalyse wurde bislang hauptsächlich mit Bildmaterial gearbeitet. Im Anschluß an Goffman sind sowohl die deutlich sexistischen als auch die subtil stereotypen Genderismen der Werbung analysiert worden.[20] Ich möchte jetzt auf die Radiowerbung eingehen und damit den Bereich der visuellen Darstellung der geschlechterbezogenen Hyperrituale verlassen.

Wie verläuft die Präsentation der Geschlechter, wenn nur der Audiokanal zur Verfügung steht?

Goffman behauptet ja, daß in der visuellen Darbietung die Werbung Alltagsrituale des Genderismus weiter stereotypisiere, diese also als Folie nutze.

20 Belknap/Wilberg (1991) haben in einer an Goffmans Kategorien orientierten quantitativen Werbungsanalyse die Ritualisierung der Unterordnung von Frauen in der Werbung weitgehend bestätigt.

2. Stimme und Intonation

Gibt es im Bereich von Stimme und Prosodie Ritualisierungen von Männlichkeit und Weiblichkeit?

Gemeinhin geht man wohl davon aus, daß im Bereich von Stimme und Prosodie die Anatomie für Unterschiede verantwortlich ist. Es gibt auch in der Tat anatomische Ursachen für Stimmunterschiede. Die distinktiven Formanten, welche unsere Vokale unterscheiden, variieren erheblich von Person zu Person. Jacqueline Sachs hat darauf aufmerksam gemacht, daß die Unterschiede in den vokalischen Formantenfrequenzen zwischen Amerikanern und Amerikanerinnen größer sind, als man allein von den Unterschieden in der Größe des vokalen Trakts vorhersagen könnte. Außerdem stellen Formantenfrequenzen schon bedeutende akustische Hinweise auf das Geschlecht des sprechenden Menschen dar, wenn dieser noch Kind ist und die Unterschiede in der Größe des vokalen Trakts noch gar nicht ausgebildet sind. Formantenfrequenzen stellen also ein Phänomen dar, bei welchem anatomische Unterschiede durch kulturelle Konventionen noch ausgebaut werden. Wir wissen bis heute wenig darüber, wie die geschlechterbezogene Aneignung unterschiedlicher Formantenfrequenzen, Stimmregister und intonatorischer Muster verläuft. Im Falle der Formantenfrequenzen haben wir es mit einem physiologischen Unterschied zu tun, der durch ein soziales Stereotyp verschärft wird.

Intonation wird hauptsächlich als Tonhöhenbewegung wahrgenommen, womit in der Regel auch Veränderungen in der Lautstärke einhergehen. Grundfrequenzen sind dafür verantwortlich, daß wir bei Lauten Höhenunterschiede wahrnehmen können. Die Vibrationen der Stimmbänder sind für diese Grundfrequenzen weitgehend verantwortlich. Je schneller die Vibration der Stimmbänder, umso höher sind Grundfrequenz – gemessen in Herth (Hz) – und Ton. Lange Stimmbänder produzieren also tiefere Töne. Daher kommt es, daß Männer im Durchschnitt tiefer sprechen. Beide Geschlechter können aber eine ganze Bandbreite an

Stimmlagen[21] und Tonhöhen realisieren. Sie nutzen in der Regel ihre vollen Möglichkeiten nicht aus.

Je nach Kultur werden bestimmte Stimmregister für Männer und Frauen als »normal« eingespielt. Ich habe beispielsweise den Eindruck, daß bei russischen Jugendlichen männlich-weibliche Unterschiede viel stärker ausgebaut werden als bei uns. Junge Frauen sprechen für mein Ohr oft in einer extrem hohen Stimmlage. Auch im Bereich der Stimmregister wird also ein körperlicher Unterschied sozial überformt.

Die Form der Tonhöhenbewegung, also der Intonation, ist gänzlich kulturell bedingt. In Sachs' Studie konnten die Geschlechter auch wesentlich besser anhand von Intonationskonturen identifiziert werden als anhand von Vokalaussprachen. Weibliche Wesen nutzen ein weiteres Spektrum der Tonhöhen und wechseln diese auch häufiger. McConnell-Ginet (1978) schreibt, daß unser Stereotyp des weiblichen Sprechens besagt, daß Frauen stärkere Tonhöhenbewegungen produzierten, daß sie Töne länger ausgleiten ließen und stärker behauchten. Wenn Frauen imitiert werden, tauchen diese Merkmale auf. Sie tauchen auch auf, wenn Männer als Schwule imitiert werden. Sie gelten als exaltiert und sind deshalb abgewertet. Typisch männliche Konturen könnten für Imitationen kaum genutzt werden, da sie als »neutral« gälten. Stimme und typische Intonationskonturen gehören zentral zur Individuation. Sie sind nicht beliebig veränderbar. Sie werden als Gestaltphänomene wahrgenommen und sind nur von Expert/inn/en in ihren Komponenten analysierbar.

David Crystal, ein führender Sprachwissenschaftler, schreibt:

»Intuitive impressions of effeminacy in English, for example, ... are mainly [based on] non-segmental [features]: a ›simpering‹ voice, for instance, largely reduces to the use of a wider pitch-range than normal (for men), with glissando effects between stressed syllables, a more frequent use of complex tones (e.g. the fall-rise and the rise-fall), the use of breathi-

21 In der Literatur werden häufig *chest register*, *moderate register* und *falsett register* unterschieden, wobei das letztgenannte das höchste darstellen.

ness and huskiness in the voice, and switching to a higher (falsetto) register from time to time« (zit. n. McConell-Ginet 1978).

Einige Studien[22] haben inzwischen belegt, daß Männer und Frauen unterschiedlich intonieren (z.B. Local 1982), dahingehend, daß Frauen dynamischer sprechen. Ruth Brend (1972) schreibt:

»Men consistently avoid certain intonation patterns. They very rarely, if ever, use the highest level of pitch that women use. That is, it appears probable that most men have only three contrastive levels of intonation, while many women, at least, have four. Men avoid final patterns which do not terminate at the lowest level of pitch, and use a final, short upstep only for special effects ... Although they also use short downglides ... they seem in general to avoid the one-syllable long pitch glides, and completely avoid the reverse glides on one syllable« (zit. n. McConell-Ginet 1978).[23]

Die Intonationsmuster, welche von Frauen verwendet werden, klingen emotional involvierter und emphatischer. Man kann ihnen keine klar umrissene Bedeutung zuordnen, da diese isoliert betrachtet nur unvollständig konventionalisiert ist. Sie werden aber als Kontextualisierungsverfahren eingesetzt (Couper-Kuhlen 1986). Generell wird mit stark bewegten Mustern emotionale Expressivität assoziiert.

Wir sehen also, daß es im Bereich von Stimme und Intonation Ritualisierungen von Männlichkeit und Weiblichkeit gibt. Der Radiowerbung, so sie nicht auf die weitere Stereotypisierung der Geschlechter verzichten will, stehen neben inhaltlichen genau diese Mittel zur Verfügung. Daß sie darauf nicht verzichten will, werden wir im folgenden sehen.

---

22 Siehe auch Kotthoff 1994.

23 Die Unterscheidung von drei bzw. vier Tonstufen muß als starke Vereinfachung betrachtet werden. Tonhöhen liegen nicht kontinuierlich auf einer bestimmten Stufe, sondern stehen in relationalen Beziehungen zueinander. Zur Kritik an derartigen Analysen siehe Couper-Kuhlen 1986. Für die Zwecke dieses Aufsatzes, welcher sich nicht an ein Fachpublikum der Prosodieforschung wendet, reichen sie jedoch ob ihrer plastischen Anschaulichkeit aus.

3. Radiowerbung

Zunächst eine kurze Zusammenfassung meiner Analysen der Radiowerbung:

Die Radiowerbung hyperritualisiert sowohl Rollenverhalten als auch intonatorische und stimmliche Sprechstile der Geschlechter.

Es gibt verschiedene Formen von Werbe-Spots, z.B. kurze Ansprachen an die ZuhörerInnen, kurze Dialoge, kurze Dialoge kombiniert mit einer direkten Ansprache, Songs, szenische Vorführungen mit Geräuschen und Ausrufen, Anrufungen in Marktschreierform u.a.

Männerstimmen dominieren in der Radiowerbung ganz generell. Von den 50 Werbe-Spots, die ich aufgezeichnet habe, bestehen etwa 55% aus Ansprachen. Diese werden zu 95% von Männern gesprochen, wie z.B. die folgende:

Audi[24]

M: Sie haben die Wahl.

Sie können aufstehen oder liegenbleiben.

Sie können ein attraktives Angebot Ihres Audipartners verschlafen oder zugreifen.

Sie können mit Leichtmetallrädern, Breitreifen und neun weiteren Extras aufwachen oder weiterträumen.

Audi achtzig. Audi hundert.

Jetzt auch als CDI.

Ausgestattet für den gehobenen Anspruch Europas.

Sie haben die Wahl.

Sie können Kaffee kochen und zu Ihrem Audi-Partner kommen, ODER abwarten und Tee trinken.

---

24 Satzzeichen stehen hier als Intonationszeichen: ? = stark steigender Ton, '= steigender Ton, . = fallender Ton, , = fortlaufender Ton. Großschreibung bedeutet Emphaseintonation. Doppelpunkte zeigen Lautlängungen an. In der Werbung wird im Unterschied zu Gesprächen in der Regel in schriftlicher Syntax gesprochen, sodaß die Intonationszeichen oft den Regeln der Orthographie entsprechen.

Dieser Spot wird mit tiefem Stimmregister gesprochen. Die Intonation ist kaum emphatisch. Zum Satzende hin fällt der Ton jedesmal deutlich ab. Die Stimme wirkt nüchtern, aber kompetent.

Etwa 45% der Werbung enthalten Dialoge, davon wird 80% mit einer direkten Ansprache (voice over) kombiniert. Diese voice overs kommen zu 98% aus männlichem Mund. Sie verkörpern in der Regel die Stimme der Autorität,[25] welche abschließend das Produkt empfiehlt.

Quelle Katalog

K: MAMMI MAMMI

F: Was denn?

K: Der Quelle Katalog hat ein Kind gekriegt.

F: Wa::s?

M: Der Mini-Katalog von Quelle. Genau wie der große, nur kleiner. Ab sofort bei Ihrem Zeitschriftenhändler.

((Musik: Mutter- und Tochterstimmen singen »Meine Quelle«))

Mutter und Kind werden vorgeführt, während der Mann aus dem Vorführrahmen heraustritt und die Zuhörer kontaktiert. Auch seine Stimme ist tief und er realisiert nur schwache Tonhöhenbewegungen.

Thematisch ist die Arbeitsteilung der Geschlechter in der Radiowerbung hochgradig stereotyp. Bezugnahmen auf technische Seiten eines Produkts kommen nur aus männlichem Mund. Autos, Bier, Wissenschaft und Technik werden nur von Männerstimmen angepriesen, Mineralwasser, Versicherungen, Ladenketten, Lebensmittel und Wohnungsinventare hauptsächlich aus männlichem Mund. Frauenstimmen treten in der Werbung zur Hälfte singend in Erscheinung. Sprechende Frauen spielen hauptsächlich bei Kaffee, Unterhaltungszeitschriften, Schokolade, Kosmetik, Katalogen, Reinigungsmitteln und Reisen eine Rolle.

25 Siehe dazu auch Furnham/Schofield (1986).

Besteht der Spot teilweise oder gänzlich aus einem Dialog und ist dies ein Beratungsdialog, so findet sich die Frau zu 99% in der Rolle der Fragenden. Der Mann wird als der ratgebende und aufklärende Experte inszeniert. Steht irgendein Mißgeschick im Zentrum des Geschehens, so ist sie es, die sich beunruhigt, Angst und Staunen zeigt, bis er die klärenden Worte äußert, welche das Produkt oder die Einrichtung benennen, welche die Probleme lösen.

ADAC

(Musik)

F: Oh Mann, ich kann gar nicht hi:nschauen.

Das schö:ne Auto, tota:l im Eimer.

Naja, Gott sei dank ist uns nichts passiert.

Ja, und wie kommen wi:r jetzt nach Hau:se?

M1: Ich hab' Dir doch gesagt, das regeln die vom ADAC.

Der Fahrer, der unser Auto aufgeladen hat, nimmt uns mit, direkt nach Hause.

F: Aber Pe:ter, was wird denn das ko:sten?

M1: Ga:r nichts.

Zum Glück haben wir den ADAC-Schutzbrief dabei.

M2: Pick-up Service, eine der Leistung des ADAC Euroschutzbriefs.

Können auch Sie haben.

Für nur sechsundfünfzig Mark im Jahr von der ADAC-Schutzbriefversicherungs-AG.

Exklusiv für Clubmitgleider. Überall beim ADAC.

(Männer und Frauen singen »ADAC«)

M2: ADAC-Euroschutzbrief. Das Plus an Sicherheit zur Mitgliedschaft.

Hier wird ein Dialog vorgeführt zwischen einer besorgten Frau und dem sie beruhigenden und beratenden Mann. Ein zweiter Mann realisiert die Ansprache an die Hörerschaft.

Oft greifen verschiedene stilistische Hyperritualisierungen des Eltern-Kind-Komplexes ineinander.

Lenor

F: Hilfe. Mein Lenor-Nachfüllbeutel ist geschrumpft.

M: Und heraus kam was Besseres. Der Lenorultranachfüllkarton.

F: Der Zwerg?

M: Ist ein Riese an Ergiebigkeit.

Mit der kompakten Ultraformel reichen siebenhundertfünfzig Mililiter jetzt so lange wie vorher der Einliter-Nachfüllbeutel.

F: Und wie kann ich das dosieren?

M: Oh, dafür gibt's die sparsame Ultrakappe. Auf jeder Ultraflasche.

F: Öhö. Echt stark, der Kleine.

M: Der neue Lenorultranachfüllkarton. So klein kann höchste Ergiebigkeit sein.

Die Sprache des Mannes wird verwissenschaftlicht, diejenige der Frau hingegen verkindlicht. Der Spot beginnt schon mit einem emotionalen Hilferuf. Sie hat ein Problem. Er befindet sich in der prototypischen Rolle des Problemlösers. Sie stellt einfache Fragen, und er verwendet in seinen Ratschlägen sämtliche pseudowissenschaftlichen Komposita. Am Schluß reagiert sie noch einmal mit Ausrufen aus dem Teenager-Repertoire und er mit einer abschließenden Belehrung. Die Ausrufe der Frau zeigen die in der Literatur erwähnten starken Tonhöhenbewegungen. Eine spektrographische Analyse des Ausrufs »der Zwerg« am Sona-Graphen hat gezeigt, daß sich über »der« eine Kurve errichtet, welche von 213 Hz auf 330 Hz ansteigt und wieder auf 213 Hz fällt. Auf »Zwerg« steigt die Tonhöhe von 193 Hz auf 379 Hz an.

Selbst im Bereich der werbenden Ansage für Radioprogramme gibt es eine deutliche Arbeitsteilung der Geschlechter. Der Mann wirbt für wissenschaftliche Sendungen und läßt einen männlichen Experten zu Wort kommen. Die Frau wirbt für romantische Minuten in der Kuschelecke.

Werbung Ö1

M1: Warum wirken Placebos. Also anders gesagt, Medikamente, die gar keine sind.

M2: Offensichtlich wirken diese Uraltsubstanzen nicht pharmakologisch, sondern psychologisch. Wenn man es so ausdrücken möchte.

M1: Über Fortschritte und Alternativen in der Medizin berichtet das Wissenschaftsmagazin Dimensionen. Jetzt in Österreich eins.

F: In Ö drei erfahrt Ihr, was der Martin der Martina wünscht. Romantische Minuten via Radio und sonstige Sekunden beschert auch heute wieder Dominique Heinzler in der Kuschelecke im Treffpunkt Ö drei.

Vergleicht man eine der zahlreichen männlichen Ansprachen mit einer der sehr seltenen weiblichen, so werden subtile Unterschiede deutlich. Der Mann spricht mit dunkler Stimme. Er realisiert die tiefen Register seines stimmlichen Ausdrucksvermögens; die Frau realisiert ziemlich hohe Register. Männer- und Frauenstimmen liegen von der Stimmhöhe her in der Werbung weiter auseinander als im Alltag. Männer sprechen instrumentelle Texte, Frauen expressive. Männer zeigen selten Emphase-Intonation, Frauen fast immer.

Ich nehme die »WWK«-Werbung und diejenige für die »Bildwoche« als Beispiele für typische Ansprachen eines Mannes und einer Frau. Der Mann hat andere Intonationskonturen als die Frau. In der Werbung ziehen sich im Unterschied zur Alltagssprache Intonationskonturen wohlgeformt über Sätze.[26] Man kann also Satzstrukturen und Intonationsstrukturen gut vergleichen. Der WWK-Sprecher realisiert, vereinfacht betrachtet, drei Tonstufen, die Bildwoche-Sprecherin vier.[27] Ihre Tonhöhenunterschiede sind also größer. Alle Sätze des WWK-Sprechers fallen zum Ende hin langsam und deutlich ab. Die der Bildwoche-Sprecherin fallen wenig ab. Die Sätze

26 Siehe zu den komplizierten Zusammenhängen von Grammatik und Intonation z.B. Couper-Kuhlen 1986.

27 Ich beziehe mich hier auf Pike's (1945) Modell der vier distinktiven Tonhöhen. Siehe zur Debatte und Weiterentwicklung dieses Modells Couper-Kuhlen 1986. Werbungsdialoge sind interaktionsstrukturell so einfach, daß man mit wenig komplexen Modellen arbeiten kann.

des Mannes haben einen intonatorischen Höhepunkt, die der Frau mehrere, welche außerdem höher realisiert werden.

Die Intonation des Mannes klingt sachlich, nüchtern, informativ und Autorität vermittelnd. Die Stimme der Frau klingt, begeistert, erfreut, euphorisch und Begeisterung vermittelnd. Wir finden hier eine Hyperritualisierung des Eltern-Kind-Komplexes. Der Mann spricht emotionskontrolliert und kompetent, wie es für den Vater in der Vater-Kind-Konstellation prototypisch ist. Die Frau spricht so emotionsgeladen, daß ihre schlichte Begeisterung die Frage der Kompetenz erübrigt.

Ich zeichne die Intonationskonturen über den Phrasen der beiden Werbespots nach. Diese Analyse ist auditiv. Für die Phrasen »WeWeKa« und »eine starke Gemeinschaft« wurde ein Breitband-Spektrogramm erstellt. Auf »WeWeKa« liegt das erste »We« im Bereich von 142 Hz, das zweite bei 106 Hz und das »Ka« bei 95 Hz. Für »stark« haben wir eine Kurve gemessen, welche von 101 Hz auf 112 ansteigt und dann wieder auf 83 Hz fällt. Auf dem »ei« in Gemeinschaft haben wir 93 Hz gemessen und auf dem »a« 81 Hz. Das sind in diesem Spot vergleichsweise emphatische Konturen.

Die auditive Analyse entspricht einer »tune analysis«, wie sie mit den Namen Jones und Armstrong/Ward verbunden wird. Die Spiegelstriche repräsentieren betonte Silben und die Punkte unbetonte.

WWK-Versicherungen

M: WeWeKa.

Drei große Buchstaben.

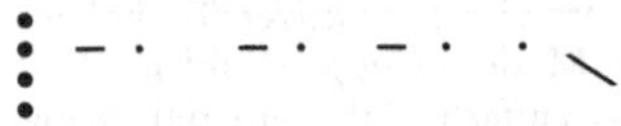

Eine große Versicherung.

Grün-orangefarbenes Markenzeichen für Qualitätsversorgung.

So wuchs der Versicherungsbestand der WeWeKa auf fast

dreißig Milliarden Mark.

WeWeKa.

Buchstäblich die Lebensstandardabsicherung für eine Million

Kunden.

Den Weg in diese starke Gemeinschaft zeigt Ihnen Ihr WeWeKa-

Versorgungsfachmann beziehungsweise Versorgungsfachfrau.

WeWeKa.

Eine starke Gemeinschaft seit Generationen.

WeWeKa.

Bildwoche

F: ((singend)) Bildwoche. Was braucht man mehr?

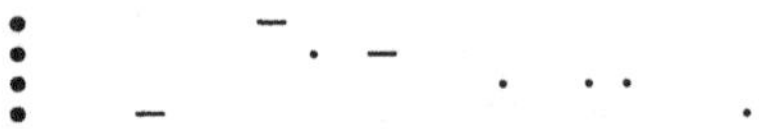

F: Die neue Bildwoche ist da.

Mit dem übersichtlichen Fernsehprogramm.

Und neun Seiten voller Rätselspaß und tollen Gewinnen.

Vom Traumurlaub bis zum Extra-Taschengeld.

Bildwoche.

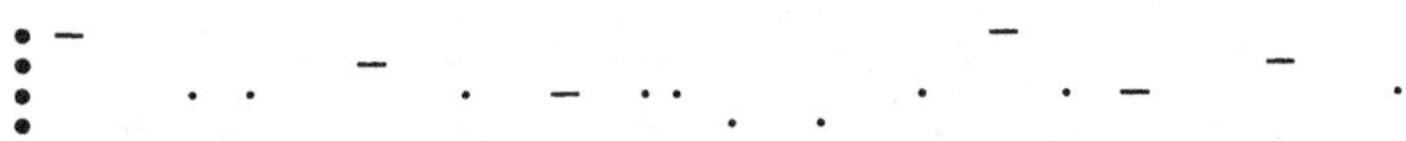

Fernsehen, Freizeit, Aktuelles für nur eine Mark sechzig.

F: ((singend)) Bildwoche. Was braucht man mehr?

Betrachten wir die Werbung für die Programmzeitschrift »Die Zwei«, welche in diesem Korpus die einzige ist, in der eine Frau einen unzufriedenen Mann berät. Dieser Mann, der hier in einer untergeordneten Rolle dargeboten wird, ist ironisiert. Männer, welche dem Stereotyp des emotionskontrollierten, wissenden, überlegenen Typus nicht entsprechen, werden auch in der Radiowerbung in der Regel ironisiert, sei es über Dialektelemente, unkontrollierte Ausrufe, falsche Aussprache von fremdsprachlichen Wörtern usw. Goffman hat diese Ironisierungen von abweichenden Männern für die Bildreklame klar gezeigt. Der Mann im folgenden Spot ist deutlich als ungebildet portraitiert. Er interessiert sich nicht für Kultur und spricht den englischen Namen Colombo deutlich mit deutschem Akzent.

Die Sprecherin spricht ebenfalls mit hoher Stimme und mit starker Tonhöhenbewegung. Sie belehrt dadurch den Mann nicht primär, sondern steckt ihn mit ihrer Begeisterung an.

Die Zwei.

> M: Was? Programmänderung? Kultur der Inkas? Ich denk jetzt kommt Colombo.
>
> F: Ja, Sie brauchen die Zwei. Die große Illustrierte mit dem aktuellsten Fernsehprogramm. Die kaufen Sie heute und haben ab Samstag das Programm für die kommende Woche. Mit allen Programmänderungen.
>
> °Außerdem brandaktuell. Königliche Traumhochzeit. Lord Lindley heiratete Verena (? ?) und Diana brach in Tränen aus.°
>
> Also, die Zwei. Heute neu.
>
> M: ((singt)) Eins und eins, das macht zwei.

Dies ist eines der wenigen Beispiele, wo eine Frau einem Mann Ratschläge erteilt. Sie spricht mit heller Stimme. Die Intonation ihrer Sätze kann nicht als stetig fallend gekennzeichnet werden, sondern eher als hüpfend. Das letzte Wort einer Kontur wird häufig erneut hoch angesetzt. Die Tonhöhenbewegungen sind dynamischer als bei den Männern.

Interessant ist auch die im Flüsterton dargebotene Klatsch imitation. Die Sprecherin suggeriert dadurch Nähe zu den Hörern und Hörerinnen. Die Sprecherin informiert hier nicht sachlich, sondern betont suggestiv.

In der Radiowerbung findet sich insgesamt eine Portraitierung der Geschlechter, welche derjenigen in der Bildwerbung entspricht. Über Dialogrollen, Stimmen und Intonation wird dem Mann Autorität, Kompetenz und Sachlichkeit zugeordnet und der Frau Emotionalität, Hilflosigkeit und Instabilität.

Goffman kommt bei seinen Analysen des Genderismus zu dem Schluß, nicht Religion, wie Marx meinte, sondern Geschlecht sei das Opium des Volkes. Ich stimme ihm darin zu.

Literatur

Armstrong, Lilias E./Ward, Ida (1931): *A Handbook of English Intonation.* Cambridge.

Baker Miller, Jean (1976): *Die Stärke weiblicher Schwäche. Zu einem neuen Verständnis der Frau.* Frankfurt 1988.

Belknap, Penny/Leonhard, Wilbert M. (1991): A conceptual replication and extension of Erving Goffman's study of gender advertisement, in: *Sex Roles Aug.* vol 25, 3-4, 103-118.

Bourdieu, Pierre (1979): *Die feinen Unterschiede.* Frankfurt 1988.

Brend, Ruth (1975): Male-Female Intonation Patterns in American English, in: Barrie Thorne and Nancy Henley (Hg.): *Language and Sex: Difference and Dominance.* Rowley, Mass. 1975, 84-87.

Busch, Günther/Eggers, Petra/Ruge, Elisabeth/Wittstock, Uwe (1993): Editorial. *Neue Rundschau* 4, 1993: 5-6.

Butler, Judith (1988): *Das Unbehagen der Geschlechter.* Frankfurt 1991.

Cahill, Spencer (1986): Childhood Socialization as a Recruitement Process, in: *Sociological Studies of Child Development* 1: 163-186.

Condry, Sarah/Condry, Jean (1976): Sex Differences: A Study of the Eye of the Beholder, in: *Child Development* 47, 1976: 812-819.

Couper-Kuhlen, Elisabeth (1986): *An Introduction to English Prosody* Tübingen.

Crystal, David (1971): Prosodic and Paralinguistic Correlates of Social Categories, in: Edwin Ardener (Hg.): *Social Anthropology and Language.* London, 185-206.

Dietzen Agnes (1993): *Soziales Geschlecht.* Opladen.

Duden, Barbara (1993): Die Frau ohne Unterleib: Zu Judith Butlers Entkörperung. Ein Zeitdokument, in: *Feministische Studien* 2: 24-34.

Furnham, Adrian/Schofield, Sandra (1986): Sex Role Stereotyping in British Radio Advertisement, in: *British Journal of Social Psychology* 25,2, 1986: 165-171.

Garfinkel, Harold (1967): *Ethnomethodology.* Englewood Cliffs.

Gildemeister, Regine/Wetterer, Angelika (1992): Wie Geschlechter gemacht werden. Die soziale Konstruktion der Zweigeschlechtlichkeit und ihre Reifizierung in der Frauenforschung, in: Knapp, Gudrun-Axeli/Wetterer, Angelika: *TraditionenBrüche. Entwicklung feministischer Theorie.* Freiburg: Forum Frauenforschung, 201-254.

Goffman, Erving: *Interaction Ritual: Essays on Face to Face Behaviour* (1967); dt.: *Interaktionsrituale.* Frankfurt 1971.
– (1974): *Frame Analysis. An Essay on the Organization of Experience*; dt. *Rahmen Analyse.* Frankfurt 1977.
– (1977): The Arrangement between the Sexes. *Theorie&Society* 4, 1977: 301-331, dt. in diesem Buch.
– (1981): *Forms of Talk.* Philadelphia.
– (1981a): *Geschlecht und Werbung.* Frankfurt.
Günthner, Susanne/Kotthoff, Helga (Hg.) (1991): *Von fremden Stimmen. Weibliches und männliches Sprechen im Kulturvergleich.* Frankfurt.
Hagemann-White, Carol (1993): Die Konstrukteure des Geschlechts auf frischer Tat ertappen? Methodische Konsequenzen einer theoretischen Einsicht, in: *Feministische Studien* 2: 68-79.
Hettlage, Robert/Lenz, Karl (Hg.) (1991): *Erving Goffman – ein soziologischer Klassiker der zweiten Generation.* Bern, Stuttgart.
Hirschauer, Stefan (1993): *Die soziale Konstruktion der Transsexualität.* Frankfurt.
– (1993a): Dekonstruktion oder Rekonstruktion. Plädoyer für die Erforschung des Bekannten, in: *Feministische Studien* 2: 55-68.
Hochschild, Arlie (1979): Emotion Work, Feeling Rules, and Social Structure, in: *American Journal of Sociology* 3: 551-575.
– (1983): *Das gekaufte Herz.* Frankfurt/New York 1990.
Jones, Daniel (1909) *Intonation Curve.* Leipzig/Berlin.
Knorr-Cetina, Karin (1989): Spielarten des Konstruktivismus, in: *Soziale Welt* 1/2: 86-97.
Kotthoff, Helga (1993): Kommunikative Stile, Asymmetrie und »Doing Gender«. *Feministische Studien* 2: 79-96.
– (1994): Geschlechtertypisierung in der kindlichen Kommunikationsentwicklung, in: Ulla Bracht et al. (Hg.). *Jahrbuch für Pädagogik.* Frankfurt/Bern/New York: Peter Lang.
Levinson, Stephen (1983): *Pragmatics.* Cambridge.
Local, John (1982): Modelling Intonational Variability in Children's Speech, in: Suzanne Romaine (Hg.): *Sociolinguistic Variation in Speech.* London: Arnold: 73-81.
Lakoff, George/Johnson, Mark (1980): *Metaphors we live by.* Chicago.
Lloyd, Barbara/Duveen, Gerard (1992): *Gender Identities and Education.* Hemel Hempstead: Harvester Wheatsheaf.
McConell-Ginet, Sally (1978): Intonation in a Man's World, in: *Sign* 3,2: 541-559.
Parsons, Talcott/Bales, Robert (1955): *Family, Socialization and Interaction Process.* New York.
Radcliffe-Brown, A. R. (1952): *Structures and Function in Primitive Society.* London.

Reiger, Horst (1992): *Face-to-Face Interaktion. Ein Beitrag zur Soziologie Erving Goffmans.* Frankfurt/Bern/New York.

Sacks, Jacqueline (1975): Cues to the Identification of Sex in Children's Speech, in: Barrie Thorne/Nancy Henley (Hg.): *Language and Sex: Difference and Dominance.* Rowley, Mass. 152-171.

Schegloff, Emanuel (1987): Between Micro and Macro: Contexts and Other Connections, in: Jeffrey Alexander et al. (Hg.): *The Micro-Macro-Link.* Berkeley.

– (1988): Goffman and the Analysis of Conversation, in: Drew, Paul/Wootton, Anthony (Hg.): *Erving Goffman. Exploring the Interaction Order.* Cambridge, Polity Press: 161-228.

Schmerl, Christiane (Hg.in) (1992): *Frauenzoo der Werbung.* München.

St. John, Jacqueline D. (1978): Sex Role Stereotyping in Early Broadcast History: The Career of Margret McBride, in: *Frontiers* 3,3: 31-38.

Thürmer-Rohr Christina (1986): *Vagabundinnen.* München.

Vinken, Barbara (1993a): Geschlecht als Maskerade, in: *Frankfurter Rundschau* Nr. 102: 10.

– (1993b): Der Stoff, aus dem die Körper sind, in: *Neue Rundschau* 104, 4: 9-23.

Voloshinov, Valentin (1976): Discourse in Life and Discourse in Art, in: *Freudianism.* New York.

Widmer, Jean (1991): Goffman und die Ethnomethodologie, in: Hettlage, Robert/Lenz, Karl (Hg.): *Erving Goffman – ein soziologischer Klassiker der zweiten Generation.* Bern/Stuttgart.